# 대통령의 한숨

# 대통령의 한숨

| | |
|---|---|
| 발행일 | 2021년 3월 31일 |
| 지은이 | 박 상 엽 |
| 펴낸이 | 박 서 연 |
| 펴낸곳 | 가망불망 |
| 출판신고 | 2017.4.3. / 357-2017-000002 |
| 주소 | 인천광역시 강화군 선원면 중앙로 253-1 206동 1101호. |
| 전화 | 010-9845-5999 |
| 이메일 | seoyeunn@hanmail.net |

ISBN    979-11-963306-3-7 03300 (종이책)    979-11-963306-4-4 05300 (전자책)

이 땅에선 왜
불행한 대통령만 쏟아지는가

# 대통령의 한숨

박상엽 지음

가망불망

이 땅에 대한민국이 수립된 지도 어언 70여 년이 지났다. 4·19
혁명 이후 제2공화국이 출범하면서 의원내각제를 도입하여 시행
한 적이 있다. 하지만 그 이듬해 5·16군사쿠데타로 인해 정부가
붕괴되면서 의원내각제는 꽃피워 볼 겨를도 없이 사장되었다.

헌정사의 그 나머지 기간은 대통령제로 유지되어 왔다. 그 사이
이 땅에서 배출된 대통령도 10여 명에 이르고 있다. 개인적으로는
그동안 거쳐 간 역대 대통령들의 통치체제를 모두 겪었다. 다만
제1공화국과 제2공화국 시절의 대통령 통치행위는 기억에 없다.
제3공화국하의 대통령과 그 이후의 대통령들의 행적에 대해서는
대략적이나마 기억하고 있다.

역대 대통령들은 하나같이 국민들의 전폭적인 지지 속에 화려

한 취임사와 함께 임기를 시작하였다. 그러나 임기 후반부에 가면 이런저런 대형 비리사건이 터지고, 급기야 예외 없이 레임덕에 빠졌다. 국민들의 지지도 또한 급전직하하기 일쑤였다. 퇴임 후 재판정에 피고인의 신분으로 선 끝에 실형을 선고받는 일도 허다하게 되었다. 타의에 의해 임기 중 밀려나거나, 재임 중 흉복으로부터 저격을 받아 사망하는 사태까지도 발생하였다. 전임자들의 행적이 반면교사가 되고, 그들이 범한 시행착오와 실책을 충분히 피해갈 수 있으련만, 정권이 바뀔 때마다 전임 대통령에 대한 단죄가 거듭 되풀이되고 있다.

이와 같이 전임대통령들마다 퇴임 후 영락없이 불행에 빠지는 이유와 원인은 무엇일까? 단순히 대통령 개인의 인성과 통치스타일에서 비롯된 것일까, 아니면 헌법을 비롯한 통치규범이 허여하고 있는 이른바 제왕적 대통령제라고 하는 제도상의 구조적 한계 내지 결함에서 발로하는 것인가?

'인간은 정치적 동물'이라는 표현을 군이 거론하지 않더라도, 너나없이 이런저런 정치현상에 대해 거론하거나 비판하는 것이 대세가 되고 있다. 많은 이들이 SNS를 통해 주관적 견해를 실은 댓글을 무시로 달고 있다. 정치적 성향에 따라 극단에서 극단으로 패가 갈리고, 급기야 툭하면 상대방에 대한 인신공격으로 치닫는 경향은 결코 바람직하지 않다 하겠다.

개인이 인생을 살아가면서 크고 작은 실수를 저지를 수는 있으나, 그 여파는 대개 한 개인이나 가족에 국한된다. 실수로 인한 곤경을 꿋꿋하니 극복해내어 재기하는 경우도 주변에서 왕왕 본다. 하지만 대통령의 실수나 실책의 파장은 그 규모가 엄청나기 마련이다. 전 국민들의 운명에까지도 결정적인 영향을 끼칠 정도로 치명적일 수 있다.

　이 같은 국가적 위기에 봉착하는 사태를 미연에 방지하기 위해서는, 무엇보다도 먼저 인품과 덕망과 능력을 고루 갖춘 인물을 대통령으로 뽑아야 한다. 그리고 대통령이 주어진 무소불위의 권력을 행사함에 있어 어떠한 기준과 원칙, 어떠한 소신과 자세로써 임해야 할 것인지에 대한 준칙을 설정해 보는 것도 나름 의미가 있다 할 것이다.

　사실 이와 같은 시도는 내로라하는 정치학 교수집단에 의해 체계적·종합적으로 행해지는 것이 바람직하다 할 것이다. 다른 한편으로는 학자들의 화려한 이론과 학설들이 현실과 동떨어진 탁상공론으로 흐를 가능성이 농후하다는 점도 무시할 수는 없을 것이다.

　이 책은 이 땅에서 여러 대통령을 겪어본 평범한 시민의 입장에서, 대통령의 불행한 운명과 관련되는 제반 문제들을 거론하여 분석함과 아울러 이 같은 불운에서 탈피하기 위한 대안을 제시해보고자 하는 의도에서 집필되었다.

책의 내용을 3부로 나누었다. 제1부에서는 '대통령 탄생을 위한 제조건'이라는 표제하에 현재 대한민국 정치상황에서 대통령으로 선출되는 이들의 부류를 분석함과 아울러 바람직한 대통령상을 제시해 보았다. 제2부는 '대통령의 불행이 싹트는 공간, 청와대'라는 제목으로 청와대에 입성한 대통령들이 재직 중 흔히 저지르는 실책을 유형별로 정리하고, 한발 더 나아가 그 같은 실수를 차단하기 위한 대안들을 궁구해 보았다.

제3부는 '성공한 대통령을 배출해내기 위한 길'이라는 타이틀로 제왕적 대통령제하에서의 대통령들의 실패를 더 이상 반복하지 않기 위해서 절실히 요구되는 제도개혁 방안들을 모색해 보았다.

보카치오의 『데카메론』은 페스트가 창궐하는 와중에 이를 피해 교외로 옮겨간 남녀 10(데카)명이, 하루에 하나씩 주제를 정해 돌려가며 각자 이야기를 발표하는 형태로 열흘에 걸쳐 모두 100(메론)개의 이야기를 풀어가는 내용으로 구성되어 있다. 전 세계적으로 유행하고 있는 '코로나19'의 확산방지를 위한 집합금지조치에 따라 각자의 행동반경이 제약된 상황에서 집과 사무실을 오가며 이 책이 씌어졌음을 밝혀둔다.

글을 쓰는 동안 코로나 확진자들을 격리치료하고 이런저런 대책을 강구하느라 불철주야 고군분투해온 의료진과 중앙·지방정부 관계 공무원들의 노고에 감사와 함께 심심한 위로의 말씀을 드린다.

끝으로, 이 책이 나오기까지 여러모로 애써 준 가망불망 출판사의 박서연 대표와 관계자분들께 고마움을 표하는 바이다. 앞으로 세상이 좋아져, 대통령은 퇴임 후에도 행복한 대통령으로 여생을 맘껏 누릴 수 있는 날이 오길 바란다. 아울러 평범한 시민들도 불행한 대통령이 또 나올 것을 걱정하지 않고, 시종 생업에 충실해 가면서 아들·딸과 손자·손녀들을 반듯하게 키워낼 수 있게 되기를 소망해 본다.

2021. 3.

청수동 우거에서

박 상 열

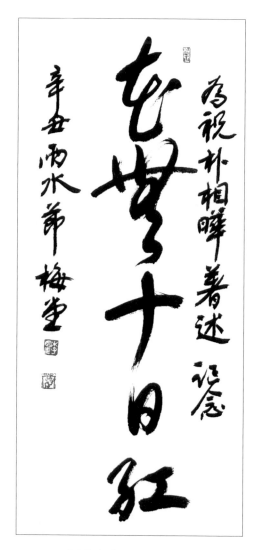

「화무십일홍」을 이명규가 쓰다

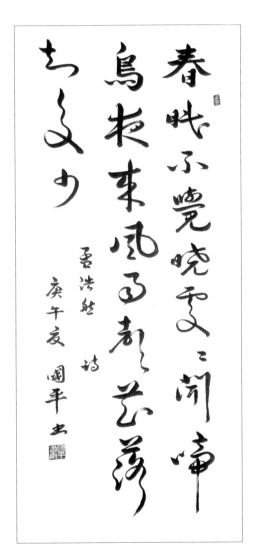

맹호연의 시 「봄 새벽」을 꿰핑이 쓰다

# 목
# 차

**제3부**

## 성공한 대통령을 배출해내기 위한 길

제1부

---

대통령 탄생을 위한
제조건

# 왕은 '산(山)'에서 나고,
# 왕비는 '주(州)'에서 난다는데

초한지나 삼국지를 읽어보면, 시대가 영웅을 만든다고 한다. 이런저런 사정이 꼬여 난세에 빠져들면, 이를 극복하고 타개해 나갈 영웅이 반드시 나타나고야 만다. 평시라면 시골에서 농사꾼으로 생을 마칠 이도 궐기하여 불의한 권력에 저항하고 또 도전한다. 민중의 지지를 받고 세를 불려가다 보면, 새로운 나라를 창업하고 황제의 자리에까지 오르는 경우를 역사는 사실로 증명하고 있다.

초한지의 유방이 그랬다. 삼국지의 유비는 명색이 황실의 후예라고는 하나, 아둔한 촌부였다는 평가를 쉽게 벗어날 수는 없어 보인다. 하지만 시대가 그들을 불러냈다.

인심을 얻어 주변에 사람들을 꼬이게 했고, 인재들을 적재적소에 기용하여 각자의 능력을 최대한 발휘하게 하였다. 아량과 후의로 민초들을 대했고, 세상 널리 덕망을 베풀어 인심을 얻었다. 두령으로의 추대가 커져, 급기야 황제의 권좌에까지 오를 수 있었다. 이 같은 영광은, 따지고 보면 그때그때의 시대가 그들을 불러냈기 때문에 가능했다. 그런 측면에서 보면, 시대가 영웅을 낳는다는 말이 맞다.

지인 중에 중국에서 한(漢)의학을 전공한 후, 박사 학위까지 받은 분이 있다. 10년 전쯤 이런저런 얘기 끝에, 운세와 팔자에 관하여까지 나아간 적이 있다. 박사님 왈, 인물은 출생한 지역의 지세 내지 지기를 선천적으로 타고나야 한단다. 선거철만 되면 용으로 등천하기 위해 적잖은 숫자의 이무기들이 얽히고설켜 치열한 싸움을 벌인다.

우리들은 그 과정에서 온갖 술수와 협잡, 야합이 난무함을 주기적으로 목도하고 있기도 하다. 대통령 후보들의 어두운 과거사와 치부는 스크린으로 가려진다. 또 평범은 탁월로, 우둔과 아집은 총명과 덕망으로 환치되어 미화되기 일쑤다.

한의사 선생님은 대통령이 되겠다고 나선 이들이 선거권자인 국민들에게 눈도장을 찍고 지지표를 끌어내기 위해 아무리 애를 써도, 넘을 수 없는 선이 있다고 힘주어 말한다. 팥으로 메주를 쑤는 것 정도는 식은 죽 먹기인 그들에게도 넘을 수 없는 선이 있다니, 과연 그게 무엇인가? 맞은편에 앉은 분은 헛기침을 두어 번 뱉어낸 다음, 근엄한 표정으로 일갈한다.

"자고로 왕은 '산(山)'에서 나고, 왕비는 '주(州)'에서 나는 법일세."

왕비감이야 궁궐 밖 물가나 산속에서도 나올 수 있겠지만, 왕만은 산이 아니라 구중궁궐에서 나오는 것 아닌가?

대화의 상대방은 이렇게 질문한다. "고려·조선시대의 왕의 지위에 비견할 수 있는 현재의 국가기관이 무엇이던고? 이 땅에서라면 당연히 무소불위의 힘을 쓰는 대통령 아니것수?"

역대 대통령은 다들 지명의 끝자리가 '산(山)'인 지역에서 배출되었단다. 찾아보니 초대 대통령 이승만은 출생지가 황해도 봉천군 성기리다. "에이! 형의 말이 첫 단추부터 꼬이잖소." 우남의 출생 연도가 1875년이요, 그 당시의 그곳 지명은 황해도 평산도호부 마산방 능안말이다. 지명에 '산(山)'자가 하나도 아닌 두 개가 겹쳐진다. 윤보선 대통령의 출생지는 아산(牙山)이요, 박정희 대통령은 선산(善山) 출신이다.

김영삼 대통령은 생가 뒷동산만 있을 뿐 출생지 부근에 '산'자 지명은 없는 것으로 보이나, 그 대신 이른 나이부터 '거산(巨山)'을 호로 삼았다. 중학교 시절에, 책상 앞에 장래 희망을 대통령으로 써서 붙여놓고 야망을 키운 끝에, 국회의원이 되고 또 대통령이 되었다.

그렇다면 김대중 대통령은? 신안군 하의도 출신인데, 역시 '산(山)'자와는 무관해 보인다. 재수·삼수 끝에 거처를 동교동에서 일산(—山)으로 옮겼다. 여기에다가 더 확고히 하기 위해 부친과 전처의 묘소를 길지 내지 천하명당이라는 용인으로 이장하였다. 인위적인 요소가 강하지만, 어쨌든 전임자들의 '산(山)'과 관련한 출신 배경 내지 조건을 이어갔다.

이무기가 승천하여 용이 되기 위한 시도를 하였으나, 막판에 힘에 부쳐 끝내 소(沼)를 벗어나지 못한 이들이 어디 한둘이겠는가? 그런 이들 중에 이회창 총리와 이인제 경기도지사가 있다.

이 총리는 일본제국주의 시대 검사의 신분으로 황해도 지역에 부임한 부친의 당시 부임지에서 출생하긴 하였으나, 부친의 고향이자 조상들이 대대로 뼈를 묻은 곳은 예산(禮山)이다. 이 지사의 출생지는 논산(論山)이다. 양인 공히 대통령으로 등극할 수 있었다. 왜 대통령이 될 수 있는 기회를 놓쳤는지는 누구보다도 본인들이 잘 알고 있을 것이다.

그러나 역사는 가정을 허락하지 않는다. 기록하지도 않는다. 시대를 거꾸로 되돌리지도 않는다.

한의사 선생님은 이 '산(山)'자 지명과 대통령의 출신지와의 연관성과 관련하여, 전두환 대통령만은 예외적인 경우라고 강조하였다. "산(山)이 아니라 내(川)에서 나오지 않았느냐." 대통령이 되지 않았어야 하는 이가 대통령이 되었다는 것인지, 아니면 가능성이 없는 대업을 이룬 입지전적인 인물이라는 것인지 아리송하기만 하였다.

나머지 대통령들의 출생지에 관하여 더 자세히 알아보지는 않았다. 너무 깊이 들어가다 보면 숙명론 내지 운명론자의 나락으로 떨어질 염려도 없지 않았기 때문이다. 해당 대통령의 출생지가 우리들이 알고 있는 지역과는 전혀 다른 지역은 아닌지도 따져봐야겠고, 해당 지역의 과거 지명도 끌어내어 '산(山)'자 해당 여부도 살펴봐야 할 것이다. 하지만 이런 시시콜콜한 것까지 추적해 들어가기에는, 내 나이가 젊지 않다.

　왕비는 '주(州)'에서 난다고 하는데, 꼭 대통령 부인만 현대판 왕비로 볼 것은 아니다. 청주·광주·나주·경주·원주·상주를 출생지로 기록하고 있는 여성들은 희망과 자부심을 가질지어다. 무주도 끼워달라는 분이 있다. 따님을 두고 있는 분의 관심이겠으나, 무주는 좀 거리가 있다.

　'산(山)'자 지명을 가진 지역이 아닌 곳을 출생지로 둔 '용이 되고자 하는 이'들도, 결코 실망하거나 얼굴을 찌푸릴 필요는 없을 것이다. 우선 시대가 그대를 불러내게끔, 영웅으로서의 자격과 역량을 제대로 갖추었는지를 가슴에 손을 얹고 살펴볼 일이다. 그리고 설령 용이 되는 그날이 온다고 하더라도, 부디 평생을 살아오면서 거짓말한 적이 단 한 번도 없다는 말은 함부로 내뱉지 말지어다.

# 대통령과
# 풍수

동양, 그중에서도 특히 동아시아권에서는 풍수지리에 관한 분야를 무시할 수 없다. 주역·불교와 연결된 사회에서는 일상적인 생활에까지 침습하여 지대한 영향을 끼쳐왔다. 음양오행설과 윤회설은 도참설에까지 나아갔다. 사주팔자에 관상학이 얹어지고, 양택과 음택을 따지는 이른바 풍수학이 왕실을 포함한 귀족사회는 물론 일반서민층에게까지 깊숙이 파고들었다.

일본에서는 음택보다는 상대적으로 양택에 보다 많은 관심이 쏟아진다는데, 우리나라의 경우에는 조상숭배와 관련되어서인지 음택에의 관심 비중이 월등히 높은 편이다. 대전 부근의 3대 명문가인 김 씨·송 씨·윤 씨 중 한 집안은 제사에, 한 집안은 집 단장에, 또 한 집안은 조상묘소 관리에 유독 후손들의 관심을 집중시켜 왔다. 이와 같이 양택의 축조와 유지관리에 치중한 문중이 없는 것은 아니나, 현재의 대세가 되어버린 아파트 문화에서는 아무래도 거리감이 있다.

다만 기업들, 특히 재벌로 통칭되는 대기업의 경우 사옥 터를 정하여 입주빌딩을 건축함에 장안의 내로라하는 풍수가를 동원하여 왔다. 세인들 사이에서는 어느 재벌 사옥이 천하의 명당 터라고 회자되기도 한다. 대통령이나 서울시장 후보들도 선거사무소를 개소할 때마다 당선과 가까운 명당건물을 찾는 걸 보면, 양택과 관련한 풍수는 오늘날에도 쉽게 떨쳐버릴 수 없는 존재로 보인다.

철저한 유교문화권 사회였던 조선은, 임금에 대한 충성과 조상에 대한 숭배가 가히 종교적 차원이었다. 묘소 설치와 관련한 가문 간의 분쟁, 이른바 산송(山訟)이 500년 왕조역사가 펼쳐지는 내내 끊이지 않았다. 좋은 명당 터를 찾기 위한 후손들의 집념은 쉽사리 꺾이지 않았다. 급기야는 암장과 도장까지 불사하였다. 발복하여 후손들의 영광이 실현될 수 있다면, 온갖 수단과 방법을 가리지 않았다. 평소의 선행과 적선의 결과 우연찮게 명당의 주인공이 되는 형태가, 흔치는 않겠지만 권장될 수 있겠다.

고려 무신정권이 들어설 무렵, 이의방·이의민 형제는 하층계급에 속해 있었다. 대대로 종의 집안이었거나, 잘해봐야 그것보단 조금 나았던 계층이었던 것 같다.

하지만 형제에게도 자신들의 조상을 잘 모셔야 한다는 관념은 있었던 것 같다. 아버지가 돌아가시고 장례를 치러야 했다. 형제는 지관을 모셔올 경제적 여력이 없었다. 궁리 끝에 한밤중 지관을 납치하여 협박해 보기로 작정하고, 집에서 자고 있는 지관을 들쳐 업고는 냅다 뛰었다. 번갈아 업어가며 한참을 뛰고 난 후 지친 나머지, 잔뜩 겁먹은 채 등 뒤에 업혀 있는 영감을 맨땅 위에 부려놓았다. 생명의 위협을 느끼기까지 했던 풍수가는 우락부락한 형제로부터 자초지종을 들었다. 주변의 지세를 이리저리 살피던 그는, 다른 곳도 아닌 형제가 자신을 내팽개쳤던 그곳을 음택으로 정하는 것이었다. 이에 형제는 정색을 해가며 지금 농담하는 거냐고 타박하였으나, 지관의 표정과 태도는 진지하기 그지없었다. 형제들의 효심에 감복하여 나름 최선을 다해 찾아낸 명당이었던 것이다.

부친의 묘소는 당대발복의 즉효가 나타나, 정중부의 난이 일어난 이후 형제는 이런저런 공을 세우게 되고 지위 또한 일취월장 승승장구하였다. 장군·상장군·대장군의 막강한 자리도 이들 형제 앞에서는 쉽게 무너져 내렸다. 급기야 무신정권의 최고 권력자의 지위에까지 올랐거니, 그들이 거머쥔 권력의 크기는 "동서고금에 왕후장상의 씨가 따로 있다더냐?"의 한마디로 압축된다고 하겠다.

홍선대원군의 부친인 남연군묘 이장과 관련한 얘기는 저잣거리 주막에서도 입에 올려진다. 후손의 영광을 위해 전국의 풍수사들을 동원하여 명당 터를 찾았고, 그의 야망 앞에서 가야사라는 일개 사찰을 불태우는 정도는 아무것도 아니었다. 그는 자손 대대로 정승이 나온다는 터도 뿌리쳤다. 그 대신 2대에 걸쳐 왕이 나온다는 터를, 추호의 머뭇거림도 없이 선택하였다. 어쨌든 이곳 또한 당대발복한 것으로 보인다.

하나만 더 예를 들자면, 윤보선 대통령 선대의 어느 분과 한 스님이 인연을 맺은 음택 관련 얘기가 있다. 윤 대통령의 조부인지 증조부인지 하는 분이 한겨울 거주지인 아산 음봉에서 둔포장을 보러 갔다 돌아오는 길이었다. 눈길 위에 쓰러져 의식을 잃어가는 이가 있어 흔들어 깨워 보니, 허기에 지친 스님이었다. 우선 집으로 모셔 가 추위와 배고픔을 풀어주었다. 며칠 묵으며 기력을 회복한 스님은 마땅히 행선지가 있는 것도 아니고 또 주인도 권하므로, 해동이 될 때까지 함께 머물렀다. 입춘을 지나 떠날 즈음, 스님은 자신이 풍수를 조금 아니 묘터를 하나 잡아주겠다고 선뜻 제의하였다. 스님이 나름 음택을 하나 고르긴 하였는데, 아쉽게도 당시 벌족의 조상묘소가 여럿 설치된 문중 소유의 땅이었다. 떠나간 스님이 정해준 그곳에 묘를 쓰기는 하였으되, 주변 사람들이 모르게 봉분도 거의 드러나지 않는 상태로 음택을 꾸렸다고 한다.

이후 발복하여, 윤 씨 집안사람들이 하는 일마다 잘 풀리고 또 손대는 거래마다 대박을 터뜨려 단기간에 부를 축적할 수 있었단다. 이를 바탕으로 자손들이 외국 유학을 하여 신지식과 신문명을 습득하였고, 윤치호·윤치영·윤보선·윤일선 등 우리의 근대사에서 기라성 같은 인물들을 내리 배출하였던 것이다.

앞서 언급한 바 있거니와, 우리나라에서는 음택의 중요성이 유달리 강조된다. 평상시에는 명망가 집안의 음택이나 유명 풍수가의 유택이 풍수 공부모임의 현장답사 코스로 인기를 누린다. 선거철만 되면 잠룡 내지 이무기들의 선대 묘소를, 사진까지 곁들여 실어 가며 명당이니 아니니, 후손 중 최고 권력가를 배출할 형세니 아니니 해 가면서 신문·잡지의 지면을 도배한다.

한국인의 정서상 풍수도참과 관련한 일련의 행태를 미신이니 쓸데없는 짓거리니 해 가면서 배격할 수는 없을 것으로 보인다.

가까이는 DJ가 대통령 재수·삼수를 해 가면서 하의도에 있는 자신의 부친 묘소와 생모, 그리고 젊은 나이에 세상을 뜬 전처의 묘소를 천하의 길지라는 용인으로 이장하여 끝내 대통령에 당선된 경우를 알고 있다. JP도 선대 묘소를 이장한 것 같은데, 그 역시 대통령에의 꿈을 이루어가는 연장선상에서 이 같은 처신을 한 것인지는 알 수가 없다. JP는 "정치는 허업(虛業)이다."라는 한마디로 자신의 정치인생을 나름 평가하고는 스러져갔다. 국회의원 10선을 채우려 이런저런 시도를 한 그의 행태가 로맨티스트라는 칭호에 걸맞지 않는 것 같아, 가끔씩 얄미워지기도 한다. 이회창 총리도 재수 출마 직전 예산 읍내 선영을 예산 신양으로 이장한 것으로 보아, 그 역시 풍수와 관련한 세간의 훈수를 뿌리칠 수는 없었나 보다. 차라리 이장하기 전의 음택이 더 좋았다고 말하는 이들이 적지 않다.

잠룡들이 등장할 시기가 가까워지면, 과거의 유력 후보들이 그 러했듯 대통령 당선에의 간절한 기원을 얹어 선대의 묘소를 명당 으로 점지된 터로 이장하는 이들이 등장할 것이다. 내로라하는 풍수가들이 반짝 동원될 것이고, 이장 후에는 자칭 전문가라는 이들이 이러쿵저러쿵 풍수 풀이로 세인들의 귀를 즐겁게 할 것이 다. 그러는 사이 우리들은 또 이 땅의 '포부도 당당한' 대통령을 맞 이하게 될 것이며, 곧이어 온갖 미사여구로 가득한 취임사를, 생 중계를 통해 듣게 될 것이다.

# 대통령은
# 도덕군자여야 하는가?

자고로 영웅은 호색이라 했다.

사내대장부가 큰 뜻을 품고 집을 떠난다. 당장 그의 코앞에 놓인 것은 풍찬노숙이다. 산전수전 세상 고통을 헤쳐나가면서 온갖 잡놈들을 만나고, 또 이렇게 저렇게 패를 이루고 짓는다. 인연이 닿아 출중한 지략가와 천하장사를 얻고, 점점 세력을 키워간다.

말로는 쉽지만, 그 사이에 가로놓인 인고의 시간은 길기만 하다. 허전한 가슴을 달래줄 여인에 대한 갈증을 피할 도리가 없다. 때로는 도피 중에 위급한 상황을 모면케 해준 노부부의 딸과도 하룻밤 인연을 맺는다. 멀리 열국지나 삼국지에 등장하는 영웅들의 예를 들 것도 없이, 중국 공산당 혁명사에 기록된 혁명영웅들의 경우만을 보더라도 영웅호색의 개념은 저절로 증명된다. 세상에 예외 없는 법칙은 없는 법. 주은래 수상만은 평생 복잡한 여자관계를 만들지 않았다.

　고려 때 전주 고을에, 성품이 호방하여 천하를 경략할 뜻을 가진 호족이 있었다. 단박에 그의 눈에 들어온 기생이 있었는데, 그녀는 관기의 신분이었다. 산성별감의 지위에 있는 관리가 그녀를 총애하고 있었다. 문제의 호족은 대담하고 또 동시에 무엄하게도, 어찌어찌한 끝에 그녀와 정을 통했다. 급기야 그 사실을 알게 된 별감과 크게 다투기까지 하였다. 이 일로 인해 생명의 위협을 느낀 호족은, 닥쳐올 화를 피해 수하식솔 170여 명을 이끌고 야반도주하여 멀리 강원도 삼척으로 옮겨가 숨었다. 일이 꼬이느라 그랬는지, 그 후 문제의 별감이 안렴사로 강릉에 부임하여 왔다.
　이에 전주 호족은 다시 허겁지겁 살림을 대충 꾸려선, 배편으로 바다를 건너 함흥 땅으로 옮겨갔다. 고급관리의 총애를 받고 있는 기생을 잘못 건드렸다가 연이어 혼쭐이 난 전주호족의 이름은 이안사다.

　이안사가 삼척을 떠나 오랑캐가 지배하는 북쪽 덕원 땅으로 이주해 가기 전, 부친이 세상을 떴다. 묏자리를 찾는 이안사에게 한 승려가 나타난다. 스님 왈, "소 백 마리를 잡아 개토제를 지내고 금으로 관을 만들면 5대 뒤에 임금이 난다." 쫓기는 신세로 전락하여 그 사이 가세가 기운 그는, 일백 백을 흰 백으로 대체하여 흰 소 한 마리를 개토제의 제물로 삼았다. 황금을 황금색 귀릿대로 대신하여 관을 감쌌다.

스님과 연결된 풍수의 덕분과 오랑캐 땅으로의 이주라는 핍박이 어우러져, 그 후손들은 삭풍이 몰아치는 낯설고 물선 땅에서 기반을 다져갔다. 마침내 승려의 예언이 실현되고야 말았으니, 5대손은, 누구도 아닌 조선 태조 이성계였다. 선대 이안사의 호색에 감사해야 할지 어떨지……. 이 씨 집안이 전주에서 평안한 호족생활을 계속하였다면, 후손에 의한 조선 개국은 아마도 실현되지 못하였을 것이다.

부부 사이의 관계는 타인들로서는 도저히 알 수가 없다. 금슬이 좋은 잉꼬부부라고 알고 있는 부부가 어느 날 이혼하여 갈라선다. 잉꼬부부로 알고 있는 부부의 어느 한 쪽은 남들에게는 밝힐 수 없는 다른 쪽 배우자에 대한 한없는 푸념과 원망으로 가슴이 멍들기도 한다.

조선시대 양반의 특권으로 세 가지를 거론하는 이들이 있다. 과거 응시의 독점, 지주제, 그리고 축첩제. 대한민국이 수립된 후, 이같은 제도는 일소되었다.

현재의 헌법을 위시한 법 규범은 일부일처제를 기본으로 하여 '혼인과 가족생활은 개인의 존엄과 양성의 평등을 기초로 성립되고 유지되어야 함'을 선언하고 있다. 양성평등과 혼인의 순결, 그리고 가정의 화목은 어떤 명분과 이유로도 침범할 수 없는 신성불가침의 영역이라 해도 과언이 아닐 것이다.

그렇다면 혼인생활과 남녀관계와 관련하여 흠결이 있는 이는 과연 대통령으로서 자격이 없다고 할 것인가?

우남 이승만은 박승선과 결혼하였다가 이혼하였다. 친아들로 기록되고 있는 이봉수는 아마 양인 사이에서 태어난 것으로 보인다. 잘 알다시피, 우남은 오스트리아 출신의 프란체스카 도너와 재혼하여 경무대 생활을 함께하였다. 박정희도 결혼한 처 김호남이 있었고, 또 슬하에 딸 박재옥을 두었다. 익히 알고 있는 바와 같이, 그는 1950년 대구에서 육영수를 새 신부로 맞아 결혼식을 올렸다. 주례가 실수로 "신랑 육영수 군과 신부 박정희 양은~"으로 두 사람을 바꿔 호칭하였다는 에피소드가 있으나, 사실 여부는 확인할 방법이 없다.

이 두 분 대통령은 조강지처를 버리고 재혼했다는 결점을 가지고는 있으나, 당시 조혼풍습의 강요로 인한 가족사의 비애로 보여진다. 두 전직 대통령 공히 장기집권과 독재라는 지울 수 없는 과오를 대한민국 정치사에 남긴 것은 부인할 수 없는 사실이다. 하지만 건국의 기초를 다지고 국가발전의 기틀을 세운 대통령, 경제건설을 기반으로 대한민국을 후진국에서 중진국의 반열로 올려놓은 대통령이라는 긍정적인 평가 또한 부정할 수 없을 것이다.

도덕성과 관련한 대통령으로서의 자격을 따져봄에 있어서, 남녀간 애정문제로 인해 다른 가정을 파괴하거나, 또는 혼외자를 낳아놓고는 부양에 대한 어떠한 도리도 하지 않고 그대로 방치하는 경우 등을 거론할 수 있을 것이다.

아무리 영웅호색이라지만, 불륜으로 인해 부인이 충격을 받아 이혼해 버리거나 심지어 자살하는 정도에까지 나아간다면 공인으로서의 그는 대중의 지탄을 면할 수 없을 것이다. 바그너의 작품에 대한 세인들의 평가가 여하하든, 나는 그를 좋아하지 않는다. 그는, 리스트의 딸이자 동료 음악가인 한스 폰 뷜로의 아내이기도 한 코지마를 뷜로의 품에서 앗아내어 자신의 처로 삼았다. 그런 이유만으로도 그는 나의 존경 대상에서 배제되기에 충분하다. 대신 나는 슈만과 브람스를 좋아한다.

그렇다면 대통령은 도덕군자여야 하는가? 꼭 그렇지만은 않다고 본다. 단 국정을 올바르게 이끌어 갈 리더십과 인물들을 적재적소에 배치하고 충신과 간신을 꿰뚫어 구분해낼 수 있는 능력을 구비하고만 있다면.

여자들에게 인기 있는 이를 남편으로 둔 부인은 겉으로는 태연해도, 속으로는 항상 긴장하고 또 경계의 눈길을 멈추지 않을 것이다. 평소 남편에게 관심을 보이거나 함께 어울리는 여성들이 많고, 남편이 특정 여성과 언제 어디에서 어찌어찌했다더라 하는 풍문이 심심치 않게 뜬다. 그런데도 부부사이에 별 문제 없이 건전한 가정을 유지해 나가고 있다. 이러한 유형의 부부를 어떻게 평할 것인가? 특히 부인을 어떻게 볼 것인가?

이런저런 남녀 간의 애정문제로 세인들의 입방아의 대상이면서도 이렇다 할 흔들림 없이 가정을 꾸려가고 있다면, 대통령이 될 자격에는 별다른 문제가 없을 것으로 보인다. 그가 대통령이 되더라도, 최소한 청와대 안방마님의 시도 때도 없는 국정에의 훈수나 영부인의 지위에 어울리지 않는 헤픈 처신 정도는 능히 배격하거나 차단할 수 있을 것이기 때문이다.

도덕군자는 언뜻 보아서는 통치자로서 제격이다. 하지만 십중팔구 외곬 이상으로만 흐른다. 현실과의 괴리가 점점 커져 수정이 필요한데도, 아집은 융통성을 발휘할 정도로 신축적이지 못하다. 결국 도덕군자의 통치는 실패로 끝날 확률이 매우 높다.

반면 영웅은 비록 호색일지언정 공사 구분만은 칼이다. 버럭 화를 내는 일은 있어도, 또 쉽게 풀어버린다. 아니다 싶으면, 어떤 길로 바꿔야 하는지를 옆 사람에게 서슴없이 묻는다.

단 하나, 나이가 들어도 호색의 기운을 거둬들이지 않는 게 문제라면 문제다.

# 대통령직에
# 적정한 나이

일국의 최고통치권자는 국가의 보위와 국민의 안전을 위해 대내외적으로 막강한 권한을 가진다. 직무의 막중함에 비추어, 이를 차질 없이 수행해 나갈 수 있는 육체적 체력과 정신적 건강이 뒷받침되어야 한다.

특히 국군 최고 통수권자로서 국가 안위와 관련한 무력사용을 결단함에 있어서는, 명징한 분별력과 함께 신속하고도 정확한 상황판단능력이 요구된다 할 것이다.

최고 권력자의 순간적인 판단이 나라와 국민을 위난으로부터 구해낼 수도 있고, 반대로 섣부른 오판과 그에 따른 과오가 헤어나올 수 없는 절체절명의 나락으로 떨어뜨릴 수도 있다. 그렇기 때문에 건강한 신체에 건전한 정신으로 무장한 최고지도자를 갖는 것은 해당 국가 국민들의 복이다.

조선 영조는 아들인 사도세자와의 애증관계를 이어간 끝에, 아들을 뒤주 속에 가둔 채 죽게 만들었다. 그나마 불행 중 다행으로, 영조가 건강상태를 꾸준히 유지하여 재위기간을 늘려나가 세손인 정조가 청년으로 자라나 왕위를 이을 수 있게 함으로써 정치적 혼란을 차단할 수 있었다. 청년왕 정조는 기대 이상으로 능력을 발휘하여 조선조 문화중흥기를 이끌어간 성군의 반열에까지 오를 수 있었다. 할아버지인 영조의 건강과 장수가 아니었으면 불가능했을 업적이었다.

영국의 엘리자베스 2세 여왕도 약관 20대의 나이에 왕위에 즉위한 이래, 나이 90을 넘긴 현재까지도 꾸준히 건강을 유지하면서 대영제국을 통치하고 있다. 아직도 부군인 필립 공과 함께 왕성한 활동을 하면서 국민들로부터 존경받고 있다. 왕실 가족들과 관련한 이런저런 불상사와 불미스러운 스캔들이 이어지고 있음에도 왕실이 국민들로부터 변함없는 사랑을 받고 있음은, 오로지 여왕의 품위와 권위로부터 우러나오는 결과일 것이다.

여왕이 국가지도자로서의 적정한 나이와 관련한 우려를 불식시키고 있음을 지켜보면서, 뿌듯한 미소와 함께 존경의 박수를 보내고픈 마음이 일어남을 금할 수 없다. 왕세자로서의 신분을 60년 넘게 유지하고 있는 여왕의 아들이 "누가 먼저 죽을지 모른다."면서 불만 섞인 푸념을 했다는 뉴스를 접한 적이 있다. 행복한 넋두리이길 바란다.

여왕의 장수는 영국과 영국민은 물론 찰스 공작에게도 복일진저!

미국의 9대 대통령으로 당선된 윌리엄 헨리 해리슨은 1841년 3월 4일 워싱턴 D.C.에서 열린 취임식의 주인공으로 등장하였다. 취임사를 읽는 데 무려 1시간 45분이 소요되었다. 이날 낭독된 취임사는 미국의 역대 대통령 취임사 가운데 가장 긴 것으로 기록되고 있다. 또한 이는 해리슨이 대통령의 신분으로서 한 유일한 중요 연설이기도 하다.

역전의 용사이기도 한 당시 68세의 노장군은 백색군마를 타고 취임식장으로 갔다. 3월이라고는 하나, 살을 에는 듯한 바람에도 불구하고 장군으로서의 기백을 과시하였다. 모자와 외투, 장갑까지 벗어놓고 의사당 건물 밖에 서서는, 미사여구로 가득하고 또 장황하기도 한 취임사를 읽어내려갔다. 해리스는 이날 행사로 인해 감기에 걸렸다. 그것이 또 치명적 증세로 번져 폐렴으로까지 악화되었다. 얼마 지나지 않아, 그는 합중국 대통령으로서 이렇다 할 업적을 기록할 사이도 없이 숨졌다.

대통령의 나이와 직무수행능력 사이의 함수관계에 관하여 생각해 보기로 하자.

미국의 경우 케네디·클린턴·오바마 대통령들은 취임 당시 모두 40대의 젊은 나이였다. 마음과 정신이 진취적인 기상과 패기로 가득 차고, 의욕과 활력이 넘쳐나는 연령대였다. 3자 공히 재임기간 미국의 번영과 발전을 이끌었다. 젊은 대통령이 국민들에게도 복인가?

최근에 이르러 트럼프와 바이든이 바통을 이어 대통령직을 수행하게 되었는데, 둘 다 70대 후반의 나이다. 당연히 국민들은 지도자의 연령과 건강을 걱정하고 있다. 단임으로 끝난 트럼프는 COVID-19도 거뜬히 이겨내고 골프장 출입을 밥 먹듯이 하는 등 노익장을 한껏 과시한 바 있다. 바이든도 일부러 계단을 뛰어서 오르는 등 의도적으로 건강함을 부각시키고 있다. 이들의 행태를 주시하고 있노라면, 최고 지도자의 연령은 그다지 문제 될 것이 없다는 안심 쪽으로 마음이 기울어간다.

우리나라의 경우 역대 대통령들 중 취임 당시의 나이를 기준으로 보면, 김대중 대통령이 74세, 이승만 대통령이 73세였다. 두 분 사이의 연령차가 49세로 국민의 평균수명이 단계적으로 길어진 사정을 감안한다면, 초대 대통령의 취임 당시의 노쇠 정도가 더 앞선다고 보아야 할 것이다. 우남이 85세까지 대통령직에 머물렀으니, 그의 노익장이 대단함을 알 수 있을 것이다.

이 땅에서 젊은 대통령의 영광(?)을 누린 이들은, 아이러니하게도 군사 쿠데타를 통해 집권한 이들이었다. 군사혁명지도자로서의 신분을 거쳐 대통령에 취임하였을 당시의 나이를 기준으로 보면, 박정희 대통령이 46세, 전두환 대통령이 49세로 기록되고 있다. 이들이 민간인 출신이었다면, 앞서 본 미국의 40대 대통령들에게 근접하는 업적을 남길 수 있었을 것이다. 하지만 역사는 가정을 허락하지도, 용납하지도 않는다.

이 땅에서도 40대의 진취적인 대통령이 탄생할 기회가 딱 한 번 있었다. 삼선개헌을 거친 후 치러진 1971년도 대통령선거에 즈음하여 야당인 신민당에서 이른바 '40대 기수론'의 깃발이 올랐다. 김영삼·김대중·이철승. 이들은 겁도 없이 대통령 출마를 선언하였다. 유진산 총재를 비롯한 당 원로와 중진들은 '구상유취론'으로 맞섰다. 전당대회에서의 투표와 결선투표의 우여곡절 끝에, 김대중이 당 후보로 선출되었다.

하지만 그는 끝내 3선개헌이라는 선거 전면에 파 놓은 함정과 전국적인 부정선거라는 선거장세에 쳐 놓은 그물을 벗어나지 못하였다. 그의 선거유세 시 "이번 대통령 선거에서 박정희 후보를 또 당선시킨다면, 틀림없이 그는 이 땅에 총통제를 도입할 것입니다."라는 예언은 바로 그 다음 해 '10월 유신'이라는 이름으로 현실화되기에 이르렀다.

국회의원의 피선거권이 있고 선거일 현재 40세에 달한 대한민국 국민은 누구나 대통령 선거에 출마할 수 있다. 출마할 수 있는 연령의 상한을 정한 규정은 없다. 나이가 70대나 80대라도, 출마하여 국민 다수의 지지를 받는다면 뭐라 할 수는 없을 것이다.

그래도 현대사회의 발전 속도에 부응하고 또 국제적인 감각을 어느 정도 유지할 수 있기 위해서는, 대한민국의 대통령은 50대 초반이나 중반쯤에서 나와야 하지 않을까?

# 국방의 의무이행과
# 대통령

사단장급 이상의 장성이 지휘하는 부대에는 군악대가 배속되어 있는 것으로 안다. 장성급 차량의 전면 번호판 위치에는 별판이 부착된다. 장군이 타고 이동 중에는 삐까번쩍 별판이 눈부시다.

사단 내 공식행사가 있을 때면, 군악대의 주악이 울려 퍼지는 가운데 도열한 병력 앞으로 사단장이 입장한다. 사단장에 대한 경례 시에도 "충성" 구호와 함께 팡파르가 울려 퍼진다. 이런 맛에 사단장을 한다. 충성 구호는 지휘관 개인에 대해 충성하겠다는 의미가 아니다. 지휘관과 휘하 병사 모두 국가와 국민을 위해 충성하자는 다짐의 뜻이다. 그러함에도 우렁찬 구호와 함께 휘하 무장 병력으로부터 받들어 총 경례를 받는 지휘관은 아전인수로 흐르기 일쑤다.

사단장급도 이러할진대, 군단장이나 군사령관, 참모총장이 주관

하는 군행사의 위세와 그 과정에서의 감개무량이야 말해서 무엇
하랴.

이 땅에서의 길고도 불행했던 군사정권 시절, 장군들의 권세는
막강하였다. 국회의원이나 장관급들도 그들의 눈엔 하찮게 보였
다. 장관의 '장'과 장군의 '장'을 동일(?)한 글자로 보았고, 서열 면에
서 자신들의 급을 결코 낮춰보지 않았다.

이런저런 의전행사를 거행하면서, 장래 이 나라의 군 최고 통수
권자를 꿈꾼 이들이 적지 않았다. 1980년대 후반, 급기야 대형 사
고가 터졌다. 국회국방위원회 소속 국회의원들과 소장급 장성들
이 회식자리를 가졌다. 폭탄주가 돌아가면서 거나하게 취한 장군
들이 국회의원들의 행태와 발언을 트집 잡았고, 급기야 주석에서
주먹을 날렸다. 당시 회식자리에 있었던 여당 원내총무까지 "이
새끼"라는 욕설과 함께 뭇매를 맞기에 이르렀다. 혈기 방장한 장
군들은, 욕설을 한 게 아니라 원내총무의 이름을 부른 것이라고
변명하였다.

당일 소동의 주역이면서 하나회 핵심 멤버였던 모 장군은 이 일
로 문책되어, 경북 영천에 있는 제3사관학교장으로 좌천되었다.

당시 내가 법무52기로 그곳에서 교육훈련을 받고 있었는데, 법
무사관들에 대한 학교장의 특강이 있었다. 다부진 풍채의 그는
자칭 시인이라고 밝힌 것으로 기억된다. 그때는 6월 항쟁이 한창

정점으로 치닫고 있을 때이기도 했다. 학교장은 강의 중간에, 당시의 청와대의 통치행태에 대한 비판도 살짝 얹었다.

내가 그곳에서의 교육과정을 마치고 육군 중위로 임관한 이후, 그에 대해 채워졌던 족쇄도 풀렸다. 그는 노태우 정권하에서도 승승장구를 거듭한 끝에, 노 정권 말기에 이르러 육군참모총장으로 기용되었다. 한마디로 하나회 핵심멤버 출신의 파워를 증명하는 인사였다.

내각책임제를 채택키로 밀약한 3당 합당 이후 치러진 선거결과, 김영삼 정권이 등장하였다. YS는 6·25 전쟁 시 군복무를 이행한 것으로 기록되고는 있으나, 말단 소총수로 최전선에 서지 않은 것은 분명하다. 야당이나 여당의 총재 또는 대표로서 전방부대 시찰 시, 그는 철모의 앞뒤도 구분 못하고 철모의 뒷면을 이마 위에 얹곤 하였다. 이런 거동으로 보아 그의 군복무는 '나이롱'이었음에 틀림없다. 하지만 우람한 체격도 아니요, 어느 모로 보나 귀공자 타입인 그는 신념과 용기, 그리고 배짱의 사나이였다.

하나회를 척결하지 않으면, 이 땅에서 군사 쿠데타의 망령을 지울 수 없다는 소신. 그는 집권 초기 전격적으로 하나회 숙청을 단행하였고, 결과는 대성공이었다. 참모총장은 이른 아침 육군본부에서 참모들과의 회의를 주재하던 중 전격적으로 보직 해임되었다.

현재의 한국사회는 1960년대나 1980년대와 달리, 군사 쿠데타가 불가능하게 되었다. 설령 쿠데타를 기도한다손 치더라도, SNS를 비롯한 정보통신수단의 눈부신 발달로 병력과 무기의 이동이 시민들과 민간 차량들의 차단으로 인해 원천적으로 봉쇄될 수밖에 없다.

하기야 군은 본연의 임무인 국방 내지 조국수호에 충실하고 또 전념하여야 할 것이다. 싸워 이기는 군대와 지휘관이 있어야만 국민의 생명과 안전을 도모할 수 있다. 이기기 위해서는 부단하고 체계적인 훈련과 정신무장 내지 충천한 사기가 필수조건이다.

최근에 이르러 이런저런 이유로 연대급 이상의 훈련이 불가능하게 되었다. 장교들은 진급에만 관심을 가지는 것 같고, 청와대의 일개 행정관이 호출하면 참모총장은 득달같이 청와대 부근 카페로 달려간다.

동서고금을 가릴 것 없이, 냉혹한 국제질서하에서 살아남기 위해서는 평화 시에 전쟁을 준비하여야 한다. 위기를 보면 생각하게 되고, 생각하면 대비책이 마련되며, 대비책이 마련되면 근심이 없게 된다.

대통령은 국가의 원수이자 행정부의 수반이다. 국가원수의 지위에서 군 최고 통수권자로서의 권한과 군 지휘명령권이 주어진다. '백문이 불여일견'이라는 고사성어가 지금까지도 회자되는 걸 보면, 국민의 4대 의무 중 하나이기도 한 병역의 의무를 제대로 이행한 남성이 대통령이 되어야 바람직할 것이다. 실현 여부는 국민들의 복에 달렸다. 여성이 대통령이 되어서는 안 된다는 얘기는 결코 아니다. 오해 없길 바란다.

총인지 포인지, 전술핵과 전략핵을 어떻게 구별할 것인지 장교 출신뿐 아니라 적어도 병장으로 만기제대한 남성이라면, 어느 정도 정답에 근접한 답을 내놓을 것이다.

군대를 갔다 온 이들이 전투 내지 전쟁에 적극적일 것 같으나, 실제는 정반대다. 백악관 참모들 중 군 출신들은 전쟁개시 내지 개입에 소극적이다. 오히려 군 경험이 전무한 이들이 전쟁하자고 날뛴다. 군 출신들은 전쟁의 가혹함과 그로 인한 엄청난 희생과 피해를 눈으로 직접 본 이들이다. 당연히 전쟁에 신중할 수밖에 없다. 이 같은 경험이 없는 철부지들이 전쟁하자고 선동한다. 그렇다고 실제 전쟁상황이 되었을 때 그들이나 그들의 아들들이 전선으로 달려가지도 않는다. 어디서나 세상은 함부로 떠드는 자들의 판이다.

대한민국의 대통령은 임기 2 내지 3년 차만 되면, 사람들을 모아놓고 일장 훈시하기를 즐긴다. 국내문제는 물론 국제문제에 관하여도 자신이 전지전능하다고 착각한다. 어설프게 아는 부문에 관하여도 전문가 집단에게 감 놔라 대추 놔라 하명한다. 선무당이 사람 잡는 꼴이다. 어쩌다 먹혀들면 제 공이요, 실패면 아랫사람 책임이다.

군대 갔다 온 대통령이라도 국가비상시나 유사시, 더 나아가 병력과 무기를 동원하여 군사작전을 전개해야 할 상황이 되어 청와대 지하벙커에 관계자들이 집합하였을 때라도, 바라건대 전면에 나서지 말아야 할 것이다. 이슬람 테러 조직의 수장 제거 작전 시 백악관에 전개된 지휘통제소 안쪽 구석자리에 간신히 끼어 앉은 긴장된 자세로, 무대 중앙부를 차지한 군 지휘관들의 설명을 들어가면서 노트북 화면을 주시하고 있는 오바마 대통령의 초라한(?) 모습이 정답이 되겠다.

# 대통령 후보,
# 추대는 불가능한가?

외세를 끌어들여 삼국을 통일한 신라는 한반도 최초의 통일국가라는 점에서 나름 역사상 의미를 가진다. 하지만 외부세력에 의존한 통일이요, 고구려의 옛 영역은 고사하고 한반도의 일부에 국한된 미완성 내지 불완전 통일이란 점에서 한계에 이르고 만다.

당의 노골적인 내정간섭을 차단하고 그 추종세력을 영역에서 몰아낸 후, 태평성대가 이어지는 듯했다. 애석하게도 이 무렵부터 고구려 유민과 말갈족이 연합하여 세운 발해는 통일신라에 의해 아예 무시되었고, 점차 한민족의 역사무대에서 떨어져 나가기에 이르렀다.

육두품 계급에 의한 왕실의 불만과 흉작과 기근에 따른 민심 이반이 나라의 기반을 좀먹어 갔다. 진성여왕을 비롯한 몇몇 왕들의 실정과 사치로 인해 민심은 더욱 흉흉해져 갔다. 여기저기서 민란이 일어났고, 후백제니 후고구려니 반란의 깃발이 치켜 올려졌다. 포석정에서 술잔을 띄우면서 환락을 즐기던 왕이 급습한 후백제군에게 죽임을 당한 사건 하나만으로도 당시 조정의 부패와 타락상을 짐작할 수 있을 것이다.

후고구려의 위세가 하늘을 찔렀는데, 수장은 양길의 휘하에 있다가 독립하여 세력을 키운 궁예였다. 사실인지 여부는 알 수 없으나, 사극에 등장하는 궁예는 눈알이 없는 한쪽 눈을 안대로 가리고 있다. 상대방의 마음속 의중을 훤히 꿰뚫어 본다는 이른바 '관심법'의 신통을 부리고 있다.

전투에서는 용맹을 십분 발휘하여 싸울 때마다 혁혁한 전공을 세웠으나, 인간성이 문제였던 것 같다. 모질고 괴곽한 데다가 의심 또한 많았다. 그때그때의 기분에 따라 툭하면 아랫사람을 죽였다. 왕비인 강씨가 말리고 또 애원하였으나, 소용없었다지.

덕이 없는 군주는 하늘을 대신하여 신하들이 내쫓을 수 있다던가. 결국 쿠데타가 일어나 궁예는 왕위에서 내쫓겼다.

신하들은 누군가를 새로운 왕으로 삼아야 했으니, 송도 해상세력의 수장인 왕건이 다수의 지지 속에 왕으로 추대되었다. 무장으로서의 능력도 출중한 데다가, 덕망과 인품을 고루 갖추고 있는 인물이었던 것이다. 몇 번 사양 끝에 왕위에 오른 왕건은, 신하들과 백성들을 실망시키지 않았다. 인재를 고루 적재적소에 등용하고, 후삼국 통일전쟁에서는 몸소 최전선에 섰다. 경순왕의 항복을 받아들임과 아울러 관작을 부여하여 깍듯이 예우하였다. 복속시킨 지역의 호족세력과의 유대관계를 맺기 위한 책략으로, 혼인정책을 썼다. 갑자기 왕의 부인들이 많아지게 되었다.

대구 팔공산 전투에서 후백제군에게 포위되어 목숨이 경각에 놓이게 되었다. 신숭겸이 왕과 옷을 바꿔 입은 채 탈출하여 적군을 유인·분산시키는 틈에, 왕건은 포위망을 벗어나는 데 성공할 수 있었다. 신숭겸과 그를 태운 말은 화살세례를 받아, 사람도 말도 고슴도치 꼴이 되고 말았다. 이 장면을 보더라도, 왕건은 일국의 왕으로 추대되기에 충분한 인품의 소유자가 되겠다.

자신의 연고지인 개경으로 천도한 그는 후삼국을 통일하여 고려조를 개창, 고려 태조로 역사에 이름을 남겼다.


로마사를 보더라도 황제의 추대장면이 종종 보인다. 무소불위의 권력을 손에 쥔 황제의 입장에서는, 당연히 아들에게 황위를 승계시키고 싶은 욕망을 쉽게는 뿌리치지 못한다. 하지만 아무리 막강한 권력의 소유자라 할지라도, 세상에는 자기 뜻대로 되지 않는 일도 있는 법.

자식이 황위를 승계할 수 없는 상황하에서는, 추대보다는 오히려 후계자 지정의 방법이 더 많이 쓰였다. 아이러니하게도 황제의 추대는 로마군에 의해 행해졌다. 황제궐위 시 나라 밖에 주둔하고 있는 다수 군단의 병사들이 자기들 소속 군단장을 새로운 황제로 추대하여선, 대관식을 위해 곧바로 로마로 진군하였다.

이 군단 저 군단에서 복수로 황제추대가 이루어지는 경우에는 상호 간에 무력충돌도 불사하였다. 군대에 의한 황제추대가 먹혀들자, 추대에 의해 황제의 지위에 오른 장군 출신을 끌어내리거나 심지어 죽이고는 또 다른 장군을 새로운 황제로 옹립하는 악순환이 반복되었다. 불행하게도 순환의 주기는 점점 더 빨라졌다.

역사는 이 같은 형태의 최고 권력자 추대가 결코 바람직하지 않다는 교훈을 남기고 있다.


헌법은, 대통령은 선거권이 있는 국민들의 보통·평등·직접·비밀 방식에 의한 투표를 통해 선출하도록 규정하고 있다. 따라서 추대방식에 의해 대통령을 정하거나 옹립하는 것은 제도적으로 불가능하다. 그렇다면 대통령선거와 관련하여 정당이 당선시킬 목적으로 자당 소속 대통령후보를 내세움에 있어서, 선출이 아닌 추대의 방식을 사용할 수는 없을까?

이에는 처음부터 후보 선출방식을 아예 배제하고 특정인을 자당후보로 정해 등록시키는 형태와, 후보 선출방식을 채택하긴 하였으나 나서는 후보가 단 1인이어서 자동으로 그 정당 후보로 확정되는 형태를 예상할 수 있겠다. 이 같은 방식은 정당 내에 그야말로 군계일학의 정치인이 있거나, 또는 영세규모의 군소정당의 경우라면 가능한 얘기가 되겠다.

현재 우리나라의 정치체제 내지 정당구조하에서는 제1당 아니면 제2당, 다시 말해 집권당이나 제1야당의 후보가 대통령에 당선될 확률이 95퍼센트 이상이라고 봐야 할 것이다. 민심은 양당제로의 회귀를 그 속성으로 한다. 따라서 제2야당 후보가 제1야당 후보와 극적으로 후보 단일화에 성공하는 경우 외에는, 그의 대통령 당선은 그야말로 난망이라 할 것이다.

정치인은 정치라는 마약에 중독된 사람들이다. 국회의원이나 도지사, 심지어 대통령까지도 개인의 능력 내지 실력과는 무관하게 그 직위를 거머쥘 수 있다는 것도 이들을 달뜨게 만드는 매력 중 하나다. 사람들을 만나 악수하면서 미소를 교환하는 순간, 그들이 다 나의 지지자라는 착각에 빠진다. 다음 기회엔 도지사, 그다음에는 대통령······.

대통령 선거 2년쯤 전부터, 자천타천의 야심가들이 슬슬 몸을 풀고는 본격적인 활동에 돌입한다. 여당 후보든 야당 후보든, 집권당이나 제1야당의 후보직만 거머쥔다면 대통령의 직위를 차지할 확률은 50퍼센트로 확 높아진다. 한마디로 모 아니면 도다. 같은 당 예비후보들 간에도 온갖 중상모략과 술수, 이합집산과 야합이 난무한다. 사람들은 이를 '잠룡들의 쟁투'라 칭한다.

우리의 정치 현실에서, 적어도 집권 여당이나 제1야당 내에서의 대통령후보 추대는 하늘이 두 쪽 나도 불가능하다. 대한민국 대통령의 권세가 절대적이라는 징표가 되겠다. 헌법상으로는 삼권분

립이요, 균형과 견제의 원칙이요, 권력의 적절한 분산이요 한다. 하지만 현행 헌법하에서 대통령의 권한은 절대적이다. 여차여차하면 그 권력이 내 품에 들어올 것 같은 환상에 빠진 잠룡들에게 후보 양보 운운했다간, 즉석에서 뺨 맞기 딱 좋다.

다만 밀실야합은 가능해 보이고, 또 과거에도 종종 있었다. "네가 이번에 후보를 포기하고 나를 밀어주면, 내 너를 첫 조각 시 총리로 지명해주고 또 차차기 대통령으로 당선될 수 있도록 후계자로 삼으마." 총리 지명 약속이 이행된 적은 있는 것 같으나, 총리 자리에서 물러나는 순간 후계자는 고사하고 땡땡 종 친다.

# 대통령과 국회의원 경력의
## 함수관계

1960년대 군사정권하에서도, 국회는 어느 정도 본연의 기능을 발휘하고 있었다. 정당 또한 계파를 형성하여 각 계파의 수장들은 많게는 몇십 명, 적게는 여남은 명의 소속의원들을 거느리고 있었다. 박 대통령이 총재인 민주공화당조차도, 노골적인 형태까지는 아니더라도 주류·비주류라는 이름으로 공공연하게 계파가 상존하고 있었다. 3선개헌 시도에 즈음하여 이른바 4인방의 저항 내지 반격이 있었다. 이들은 박정희 이후의 대통령으로 김종필을 염두에 두고는 정국을 관망하고 있었다. 정보기관이 집권당 내 이 같은 흐름을 놓칠 리 있겠나. 하늘을 나는 새도 떨어뜨린다는 중앙정보부 아니던가. 급기야 윤필용 사건이 터졌다. 명색이 수도경비사령관인 장군은 수뢰혐의가 씌워져 보직해임과 동시에 구속되었다. 그 여파가 집권여당 4인방에게까지 미쳐, 친 김종필 세력은 하루아침에 몰락(?)하였다. 중앙정보부로 끌려가 고문을 당하는 수모를 겪었다. 고문 과정에서 트레이드 마크인 콧수염을 뽑혔다는 분도 있었다. 이로 인해 운정은, 날개를 꺾인 채 상당기간 은둔 생활을 해야 했다. 외유를 떠나면서 유명해진 말이 "자의 반, 타의 반." 윤 장군이 친 김종필계 만찬모임에서 건배사로 "다음은 운정"이라는 말을 거론했다는 정보가 세상을 떠들썩하게 한 윤필용 수뢰사건의 시발점이었다.

그 당시 서울과 주요 대도시의 시민들은 예외 없이 야당후보에게 표를 던졌다. 서울 시내에서 당선된 집권당 국회의원이 단 한 명도 없을 정도였다. 그리하여 저절로 생겨나온 말이 '여촌야도(與村野都)'. 유신체제하에서, 집권세력은 독재를 강화하고 또 국회에서의 야당의 견제를 무력화할 속셈으로 '유정회'라는 희한한 제도를 끌어다 붙이고, 그것도 모자라 하나의 선거구에서 두 명의 의원을 선출하는 중선거구제를 도입하였다.

그러함에도 끝내 독재에 대한 야당의 투쟁과 국민의 저항을 막지는 못하였다. 당시의 야당은 다수의 계파로 구성되었다. 당권과 관련한 치열한 경쟁이 있었고, 그 과정에서 계파 간 이합집산이 이루어졌다. 선명성 내지 이른바 '사꾸라' 논쟁도 있었다.

하지만 1970년대의 야당이야말로 당내 민주화와 독재체제에 대한 투쟁성에 있어서 모범을 보여주었다고 평가할 수 있을 것이다.

12·12사태 뒤에 전개된 우울한 정치사로 인해, 국민들은 적어도 1987년까지는 정치의 퇴보를 지켜보아야 했다. 기존 정당의 해산과 유력 정치인들에 대한 정치활동의 금지. 군사정권 입맛에 맞는 고분고분한 정치인들에 의해 정비된 야당은 무력하기 짝이 없었다. 당시 정치활동 금지에서 유예된 대표적인 야당정치인이 유치송과 김종철이었던가? 그 결과 인위적으로 창당된 정당이, 2중대니 3중대니 일컬어지던 민한당과 국민당이었다.

1980년대 이후에는 정당의 창당과 소멸이 너무 잦았다. 초기에는 군사정권에 의해 타의적·강압적으로 해산과 창당이 이루어졌으나, 1987년 이후에는 대통령이 되고자 하는 정치인의 개인적 욕심 또는 집권을 위한 정당 간의 밀실야합의 결과 기존 정당의 해산이나 신생정당의 창당이 반복되었다.

대통령 5년 단임제가 시행된 이후로는, 새로운 대통령이 선출될 때마다 해산과 창당이 반복되고 있다. 이는 새로이 등장한 대통령의 권력장악과 통치력의 강화에서 비롯된 방책 이외에 아무것도 아니다. 그러다 보니 이 땅에선 현존 정당의 역사가 5년 넘어가는 경우를 찾아보기가 어렵게 되었다. 아무리 세계 10대 경제대국 운운하더라도, 정치적 측면에서 볼 때 대한민국은 여태껏 정치후진국의 굴레를 벗어나지 못하고 있다.

1990년대까지만 해도, 여야 공히 7선·8선의 관록을 자랑하는 국회의원들이 여럿 있었다. 몇 번의 정치활동 금지조치를 당하고도 그랬다. 원내 총무는 적어도 5·6선은 돼야 넘볼 수 있었다.

선수를 거듭할수록 정국을 보는 시야가 넓어지게 마련이다. 대화와 타협, 절충의 묘수를 찾을 줄 알게 되고, 또 때에 따라서는 당론을 거역하여 항명하는 용기를 보여줄 줄도 알게 된다. "한번 살기 위해 영원히 죽는 길을 가진 않겠다."

당 대변인과 상임위원장, 원내총무를 거쳐 최고위원직에 앉기까지, 선수는 쌓여가고 정치적 수완과 리더십은 일취월장하기 마련이다. 계파의 보스 휘하에 새로운 리더가 커 가고, 청출어람의 기록을 써 나간다. 이와 같은 정당의 중진이 다수 배출되기 위해서는, 우선 정당의 장구한 존속이 대전제가 된다. 거기에다가 정당의 민주화와 개방성이 조건으로 부가된다고 하겠다.

그때그때 특정인을 중심으로 정당이 창당되거나 집권을 위해 이합집산하는 식의 정당해산과 창당이 반복되는 정치환경하에서는, 정당이 결코 인재의 육성과 정치 지도자의 배출이라는 기능을 제대로 수행할 수 없다.

현재 우리나라 국회의 현실은, 과거 여야정당의 원내 총무직을 수행할 수준인 6선이 최다선이자 국회의장으로 의사봉을 두드리고 있다. 하기야 국회의원을 맛보기로 한두 빈 거쳐 간 정치인들이 대통령에 당선되는 현실에서, 7·8선의 관록을 자랑하는 국회의원의 존재는 아무래도 무소불위 통치권 행사에는 걸림돌이 되겠다.

10년에 한 번꼴로 여야가 바뀌니, 여당의 수장은 선수 높은 정치인이나 자신이 만들어나가는 업적의 빛을 바래게 할 우려가 있는 유력 정치인에 대해 낙천의 고배를 마시게 한다. 비리 혐의가 있다느니, 무능하다느니, 시대정신에 뒤진다느니……

　대통령 본인이 적어도 7·8선 국회의원 출신이라면, 이런 사태는 일어나지 않을 것이다. 다선의원에 대한 콤플렉스도 없을 것이고, 또 대화와 타협과 관용의 정치를 체득한 고수의 반열에 올라있을 터이기 때문이다.

　민주공화국 정체는 뭐니 뭐니 해도 주권재민과 대의정치를 기본 골격으로 짜여진다. 태국처럼 현역 장성들이 국회의원 신분을 겸하는 체제도 아닌 대한민국에서, 군사정권의 최고 지도자에게 다선의 국회의원 경력을 요구할 수는 없었다.

　하지만 1987년 6월 항쟁을 거친 이후 이 땅에선 줄곧 민간정부가 수립되고 있고, 국회는 기능 수행에 있어서 흐름이 끊긴 적이 없다.

　앞으로 대한민국의 정치 수준이 경제 수준에 걸맞은 정도로 올라서기 위해서는, 무엇보다도 국회 다선의원 경력을 거친 정치인이 대통령에 당선되어야 한다. 국회와 소속 정당 안에서 이런저런 직위를 수행해 가면서 안목과 타협·절충과 관용의 덕목을 키우고, 또 인재들을 적재적소에 배치하여 업무의 효율을 극대화 할 수 있는 정치력을 배양할 수 있기 때문이다.

# 서울대 출신의
# 대통령 당선 가능성

1948년, 국민들의 선거를 통해 선출된 국회의원들로 의회가 구성되고 헌법이 제정·공포되었다. 이어서 국회에서의 대통령 선출이 있었다. 단독정부수립에 반대한 김구를 비롯한 민족주의세력이 배제된 상태에서 우남 이승만은 독보적인 존재였다. 더구나 그는 친일의 냄새를 채 지우지 못한 한민당과 손을 잡은 상태였다. 사실 미군정 당국은 이승만보다는, 개성이 강하지 않고 미국 측 정책에 고분고분했던 김규식을 신생정부의 최고지도자로 염두에 두고 있었다. 하지만 그는 김구의 남한단독정부수립 반대와 그 연장선상에서의 남북정치지도자 회담을 위한 평양방문에 동참함으로써, 미군정청의 기대를 저버린 바 있다.

이승만은 조지 워싱턴 대학교(정치학 학사), 하버드 대학교(역사학 석사), 프린스턴 대학교(정치학 박사) 졸업의 화려한 학력을 자랑하고 있었다. 뛰어난 외교력과 친화력을 내세워, 독립운동사에서의 활약상과 관련하여서는 타의 추종을 불허하는 존재였다. 게다가 카리스마도 있었다. 학력과 경력의 화려함에다 적절한 처세술이 보태져, 그를 대한민국 초대 대통령의 자리에 오르게 한 것이다.

자유당 정권이 4·19혁명으로 붕괴된 후, 제2공화국이 들어섰다. 헌법을 개정하여 의원내각제를 채택하였다. 대통령에 윤보선, 총리에 장면이 각 선출되었다. 윤보선은 일본국 게이오 중학교와 세이소쿠 고등학교 졸업 후 영국으로 유학하였다. 명문 에든버러 대학교에서 고고학 학사·석사 학위를 수위하였다.

장면은 맨해튼 가톨릭 대학교에서 영문학 학사와, 같은 대학에서 명예 법학박사 학위를 수위하였다. 뉴욕의 포덤 대학교와 뉴저지의 시튼홀 대학교에서 각 명예 법학박사 학위까지 수여한 바 있다.

대통령과 총리 공히 화려한 학력을 자랑하고 있다. 이쯤에서 우리는, 대한민국 초창기에 왜 의회와 국민은 화려한 학력의 정치엘리트를 이 나라의 최고 권력자로 선택했는가의 문제를 짚어볼 필요가 있다.

우선, 유교 이념을 바탕으로 하고 강력한 중앙집권제를 기반으로 하는 절대왕정이 500년 동안 이 땅과 백성을 지배하여 왔다. 그로 인해 백성은 내내 통치의 대상이자 조용조 의무의 부담자로서의 신분에서 단 한 발짝도 벗어나지 못하는 신세를 면할 수 없었다.

백성은 19세기에 이르러 탐관오리들의 학정에서 비롯된 전국적 규모의 민란과 동학농민전쟁에 이르러, 비로소 어렴풋하게나마 주체의식에 눈을 떴다. 부당한 권력에의 저항과 자유·권리의 향유에 대한 의식과 각성이 여명의 눈동자에 식별되기 시작한 것이다. 이 같은 민초들의 자각과 반항은 봉건체제의 개혁과 외세배격이라는 형태로 구체화되었으며, 갑오개혁과 만민공동회 등의 형태로 개혁 흐름이 분출되었다.

일본제국주의의 한반도 병탄의 야욕과 그로 인한 국권침탈로 인해 민권의 확립과 입헌제의 수립은 물 건너갔고, 백성들은 제국주의자들에 의해 신민의 지위로 전락하기에 이르렀다. 3·1독립만세의 함성이 삼천리 방방곡곡으로 퍼져나가고 임시정부가 수립됨으로써, 이 땅에서의 국민의 탄생과 국민주권에 기한 민주정부수립에의 단초가 열렸다.

하지만 일본제국주의자들은 이 같은 민족주의적인 흐름을 철저히 차단하였고, 태평양전쟁에 돌입함에 즈음하여서는 아예 민족말살정책을 시행하였다. 1945년 전쟁은 끝났고, 민족은 해방되었다. 그러나 무장투쟁을 앞세운, 자력에 의한 해방이 아니었다. 민주정부수립과 대의민주정치를 시행하기엔 준비도 되어 있지 않고, 국민들의 민도나 정치수준도 기대와는 달리 낮았다.

군주제가 사라진 지 오래였으나, 여전히 백성으로 행세하는 이들이 태반이었다. 하기야 1974년 육여사 시해사건 시에도, 국모가 돌아갔다며 장례 시 운집한 군중이 맨땅에 무릎을 꿇고는 닭똥 같은 눈물을 흘렸다.

이 같이 군주제에의 미련과 타성을 벗어나지 못한 상태에서의 신생 민주공화국 국민은, 서구의 선진문명과 의회 내지 정당 민주주의를 체득한 정치지도자를 최고 통치권자로 선택할 수밖에 없었다. 미국·영국 등 선진국에 유학한 정치 엘리트가, 그야말로 0순위였다.

이회창과 김대중, 이회창과 노무현 간 대결에서 김대중과 노무현이 승리를 거머쥐었다. 한쪽은 서울법대 출신이요, 다른 쪽 두 사람은 각 목포공립상업학교와 부산상고 졸업. 경력을 따져 보면 한쪽은 점점 더 화려해지고, 다른 쪽 이들은 상대적으로 점점 더 초라해져 보인다. 누가 봐도, 해보나 마나 게임은 끝난 것으로 보인다. 하지만 실제 선거 결과는 정반대였다. 누군가는, 다윗과 골리앗의 싸움에서 다윗이 연거푸 이겼다고 평하였다.

이회창이 이길 수 있는 길이 충분히 있었다. 앞의 경우 후보의 결벽증 내지 협량이 패인이었다. 같은 지역 출신인 JP와만 손잡았어도 승패는 바뀌었을 판이다. 뒤의 경우 방심 내지 자만이 결정적인 패인이었다. 두 번째 출마인데 설마 떨어지랴 하는 안이함. 핵심 참모들은 물론이거니와 말단 운동원들까지도 시종, 선거운동은 대충이요 설렁설렁이었다. 애초의 사과와 약속대로, 큰아들의 소록도 봉사활동을 제대로만 시켰어도 노무현에게 밀리지는 않았을 것이다. 연거푸 낙선한 이유를, 누구보다도 본인이 정확하게 알고 있을 것이다. 하지만 바둑에서의 복기는 본인에게 득이 되지만, 정치판에서의 그것은 같은 길을 뒤따라 걷는 눈 밝은 자에게만 값진 교훈이 될 뿐이다.

우리의 민족정서는 늘 약자를 편들고 또 응원한다. 나보다 지위가 높고 재산이 많은 자들을 인정하거나 존경하기보다는, 시샘하거나 질투한다. 최근에는 여기에서 한발 더 나아가, 편법과 부정한 방법을 동원하여 부와 권세를 움켜쥐었다며 죄악시하기까지 한다.

국민들의 의식수준과 문화수준이 몇 단계 업그레이드되기 전까지는, 당분간 서울대 출신의 대통령 당선 가능성은 기대난망일 것이다.

유권자들은 나와 비슷한 수준의 학력을 가졌거나, 또는 나보다는 못한 학력을 가진 후보에게 표를 던질 것이다. 그렇다고 서울대 출신 후보를 대통령에 당선시키는 길이 아예 없는 건 아니다. 집권당 후보와 제1야당 후보 둘 다를 서울대 출신으로 채우는 것이다. 그러기 위해서는, 동문들이 주머니를 털어 두 당의 특정 후보에게 두둑한 실탄을 안겨주어야 한다. 조직이야 선거꾼 반열에 오른 586세대에게 맡기면 된다. 후보가 차떼기 돈 섣불리 받았다가 또다시 낭패를 볼 수는 없겠고, 달갑든 달갑잖든 자금 조달의 성공 여부는 전적으로 동문들의 손에 달려 있다. 기대감의 실현이 쉽지만은 않아 보인다.

# 법조인 출신 대통령,
# 긍정적인가?

제자백가 중 주류는 공자를 수장으로 하는 유가였다. 춘추전국 시대의 혼란기에 개인수양과 국가통치술의 근본은 '인(仁)'과 예(禮)가 되어야 한다고 설파하였다.

예가 아니면 행하지도, 생각하지도, 듣지도, 보지도, 말하지도 말라 하였다. 공자는 수하에 많은 제자를 거느리고 천하를 주유하였다. 여러 나라의 왕들을 만나, 자신의 처세술과 통치술을 설파하였다. 걸맞은 벼슬을 얻어선 자신의 학문과 포부를 펼쳐보고자 하였다. 하지만 애석하게도, 대면한 왕들은 내리 죽죽 성인의 그릇 크기를 분별해낼 정도로 통이 크지 못했다.

성인은, 나라를 통치하기 위해서는 군대와 식량, 그리고 백성의 조정에 대한 믿음이 있어야 한다고 강조하였다. 그중에 하나를 버려야 한다면 군대요, 다시 또 하나를 골라내야 한다면 식량이라고 말하였다. 오늘날의 용어로 표현한다면 군대는 군사력이요, 식량은 경제력이 되겠다.

예나 지금이나 정부에 대한 국민의 신뢰가 무너지면, 조금 늦거나 빠른 차이가 있을 뿐, 정권은 붕괴된다.


성인은 나름 설계·건축한 통치술을 제대로 펼쳐보지 못한 채 세상과 이별하였다. 학문체계는 뭇 제자들에 의해 정립되었고, 학문적 견해는 종교상의 교리로까지 상승하였다. 세월이 흐르고, 맹자라는 위대한 인물이 유가라는 이름으로 등장하였다. 그의 학문과 사상은 시대적인 흐름을 타고 과격화·급진화하기에 이르렀다. 인민의 뜻이 곧 하늘의 뜻이요, 천심 내지 천명을 거역하는 왕은 인민이 쫓아낼 수 있다는 논리의 전개에까지 나아갔다. 이 논리를 고려왕조의 정도전이 써먹었다. 백성은 밥이라고 하면서.

무장세력으로서 떠오르는 별이었던 이성계와 결탁, 왕조의 전복을 꾀하였다. 반란은 위화도 회군으로써 현실화되었으며, 혁명세력은 '역성혁명'이란 방패로 자신들을 향한 비난을 막아냈다. 정도전은 신권론을 내세우며 왕권에도 맞서봤지만, 피도 눈물도 없는 이방원에 의해 끝내 주살되었다.


다시 원래의 지점으로 돌아가서 이야기의 끈을 이어보자. 전국칠웅 정립체제는 서서히 무너져 갔다. 합종책과 연횡책이 맞섰다. 연횡책을 채택한 진의 권모술수와 이간책이 효력을 발휘하였고,

여섯 개 나라는 하나하나 무너져 갔다. 진은 형식적이고 또 번거롭기 짝이 없는 유가를 배척하였다. 일국의 왕 정도는 우습게 여긴다는 오해 또는 자격지심의 결과인 것으로도 보인다. 유가 대신 중용된 인물들을, 우리는 법가라 칭한다.

강력한 왕권과 중앙집권을 추구하기에, 법가는 제격이었다. 법가 사상의 대표적인 방책은 '신상필벌'. 공 있는 자에게 상 주고, 죄 있는 자에게는 벌 주자는 것이다. 국가통치체계에 걸맞은 법이 생겨났다. 급기야 인민의 생활 구석구석에까지 법망이 펼쳐졌고, 위반 시의 처벌은 가혹하기 짝이 없었다.

획일성과 통일성, 그리고 집단성은 통치 효율을 크게 높였다. 이는 곧바로 국력의 신장으로 연결되었다. 진에 맞섰던 나라들은 하나하나 망해갔고, 그 영토와 인민은 차례로 진에 복속되었다. 법가들은 목에 힘을 주어 우쭐댔고, 감투와 지위는 커지고 높아져 갔다.

새로이 제정·시행되는 법은 금지와 처벌 위주였다. 그로 인한 인민의 부담과 고통은 날로 커져갔다. 법가들은 백성들의 원성에도 아랑곳하지 않았다. 지위를 이용해 월권을 하고, 부정한 방법으로 축재하기에 혈안이 되었다. 법가의 대명사 이사도 이 같은 발호 끝에, 황제의 눈 밖에 났다. 이 같은 위기상황에서 그가 택한 묘책은, 삼십육계 줄행랑이었다. 도망하다 추위와 배고픔을 견디지 못하고는, 산속 민가로 숨어들었다. 먹을 걸 좀 달라, 하룻밤 좀 재워달라. 늙은 집 주인은 이렇게 말했다. "사정은 딱해 보이나, 통행증 없는 사람을 재워줬다간 이사승상법에 걸리니 어쩔 도리가 없수다." 이런 상황엔 '자승자박'이라는 표현을 끌어다 쓰기가 딱 제격이다.

법가의 부류로 일컬어지는 이들도 애초에 세운 뜻은 공평무사였을 것이다. 또한 대의를 위해 자신 한 몸 정도는 기꺼이 희생할 수 있다는 각오와 결기를 세우고는, 세상을 향해 고향집을 떠났을 것이다. 새벽하늘엔 샛별이 밝고, 찬바람에 기척을 느낀 마을 개가 하늘을 향해 짖었을 것이다. 비분강개와 우국충정의 결기가 새벽서리로 내려앉았을 것이다.

세월은 사내대장부의 단심을 좀먹고, 의협과 충정은 권력욕과 탐욕으로 대체되기 마련이다. 법가의 능력은 누구나 인정한다. 하지만 자신의 능력을 과신한 나머지, 세상 사람들과 소통하지 않는다. 머리는 뛰어나나, 덕과는 거리가 멀다. 평시에는 자신이 이룩한 과업을 부풀려 자랑하기 바쁘고, 이를 위해 수시로 사람들을 오라 가라 한다.

하지만 책임을 져야 할 상황이 되면, 변명에 급급해 한다. 윗사람이 하라고 해서 자기는 시키는 대로만 했다. 아랫사람들이 하는 일을 자기는 몰랐다. 구차하기 짝이 없는 변명. 그의 안중에는 어떻게든 막다른 궁지를 벗어날 방책의 구상만 있을 뿐이다. 자신의 오판과 실정, 권력의 남용으로 인해 국민들이 얼마나 많은 고통과 피해를 입었는지, 자신의 과오로 인해 국가 발전에 얼마나 큰 브레이크가 걸리고 국가의 위상이 얼마나 실추되었는지는 안중에도 없다. 이러한 행태가 대부분의 법가들이 역사의 현장에 남기고 간 궤적이다.

사회가 안정단계를 거쳐 성숙단계에 접어든 선진국의 경우, 정부 주요 직책과 총리·대통령의 직위까지도 법조인 출신들이 점하고 있다. 그들은 시종 멸사봉공의 자세로써, 맡겨진 권한과 책무를 완수해 내는 것이 보통이다.

어찌 보면 행정이란, 법령의 적용·집행이란 말의 이면을 말한다고 할 수 있을 것이다. 법의 집행에 있어서의 생명은 다름 아닌 공정이다. 만인의 만인에 대한 약속인 법령의 잣대는, 만인에게 공정하고 또 평등하게 계상되어야 한다. 법령이 집행된 결과는 어느 모로 보나 정의의 관념에 부합하여야 한다.

서구 선진국 법조인 출신 고위관료와 대통령들이 본연의 역할에 충실하고, 또 좋은 성과와 훌륭한 업적을 기록하고는 박수받으며 자리에서 내려오는 모습을 이 땅에선 볼 수 없는 걸까? 오로지 헌법과 법률, 그리고 국민만을 바라보고 직무수행하겠다고 결기를 다지는 총장의 모습은, 이전에는 보지 못했던 장면이다. 소금이 제 맛을 잃어버리면 아무 쓸 데가 없다면서, 본연의 직무집행을 망설이는 부하들을 독려하며 입을 앙다무는 원장의 결기는 비장하기까지하다.

 지금껏 이 땅에서 배출된 법조인 출신 대통령이 몇 명 되지도 않거니와, 감히 평하건대 대한민국 사회에서 법조인 출신 대통령은 그다지 성공적인 것으로 보이지 않는다. 당분간은 그들이 대통령으로 등극하는 것도 바람직해 보이지 않는다. 법조인 절대다수가 자발적으로 '일인성주(一人城主)'의 영역에 꼭꼭 갇혀 있기 때문이다.

# 청와대 참모 출신 대통령,
# 바람직한가?

 1950년대의 경무대가 어떤 구조를 갖추고 또 어떤 방식으로 운
용되었는지를, 자유당 정권을 몸소 겪어보지 않은 이로서는 구체
적으로 알 수가 없다. 청와대의 권력은 유신체제하에서 극성기를
누렸다. 여기에서의 청와대 권력이란 대통령의 권력이 아니라, 청
와대 비서실과 경호실의 권력을 말한다.

 독재정권하에서는 경호실장의 권세가 비서실장을 능가하였다.
유신의 폭정이 절정을 향해 치달릴 때, 한 달에 두 번씩 거행되던
청와대 국기강하식 행사는 차 경호실장이 무소불위 권세를 분출
해대는 콜로세움 무대였다. 호가호위의 좌판이기도 했다. 혹시 중
앙정보부장이라면 모를까, 그 이외에 실장과 맞장 뜰 파워를 가진
이는 아무도 없었다.

궁정동 안가에서 거행됐던 만찬 자리에서, 부장이 겨눈 권총의 총구가 차례로 불을 뿜었다. 우선 팔뚝에 총알세례를 받은 실장은, 대통령 경호라는 본연의 임무를 방기한 채 피 흐르는 팔뚝을 부여잡고는 방 안 화장실로 몸을 피했다. 국기강하식 때 잔뜩 긴장한 초대객(?)들 면전에서 도열한 무장병력으로부터 충성 구호가 따르는, 받들어 총 경례를 받던 당당한 모습에선 영 멀어진 꼴이었다. 그 자리에 배석했던 젊은 여인들도 꼼짝없이 실장의 비겁을 목도해야만 했다. 방석 위에서 몸을 일으킨 부장은 실장을 향해 치명타를 날렸다. 그 이후 벌어진 사태에 관하여는, 알 만한 사람은 다 안다. 총을 쏜 자도, 총탄세례를 받은 자도 다 갔다.

그 시절에는 중앙정보부의 위세 또한 만만찮았다. 대통령 직속의 독자적이고도 독립적인 정보기관으로서, 우선 인적 구성과 예산 면에서 가히 정부 내 어떤 기관보다도 규모가 컸다. 입법부·사법부를 포함한 정부의 모든 기관에 대해서는 물론이려니와 민간 부문까지도 사찰과 감시·감독의 권한을 행사하였다. 대공 및 방첩과 관련한 정보수집과 수사는 기본이었다.

독재정권하에서는 야당 탄압과 반정부 인사들에 대한 체포·구금이 오히려 주 업무가 되어버렸다. 요원들은 권력의 하수인 역할을 해가면서 손에 피를 묻혔다. 부장직을 거쳐 간 이들의 말로도 좋지 않았다. 김형욱은 잔꾀를 부리다 파리에서 납치되어 처단된 것으로 기록되었다. 김재규는 형장의 이슬로 사라졌다. 나름 능숙

한 처세술로 권세와 호강을 누리다 간 이도 있다. 이후락이 그랬다. 그는 그때그때 바람의 방향을 잘 읽었다. 후각능력도 꽤나 뛰어났다.

군사정권의 시대가 가고 민간정부가 들어선 이래, 청와대도 이런저런 모습으로 개편되기에 이르렀다. 우선 경호실의 규모가 축소되고, 경호실장의 권한 또한 대폭 축소되었다. 군 고위장성 출신으로 채워지던 인사패턴도 바뀌어, 경호실 공채 출신 아니면 경찰 출신이 경호실의 수장으로 기용되는 추세로까지 나아갔다.

비서실장의 권한에는 큰 변동이 없다. 다만, 최근에 이르러 국가 안보실장이니 정책실장이니 옥상옥의 체계를 채택하는 바람에, 비서실장의 권세나 위엄이 옛날 같지 않다는 평가가 있는 것도 사실이다.

비서실장 밑에 몇 개 부문으로 나뉘어 수석비서관들이 있고, 각 수석비서관실마다 또 더 세부적인 분야별로 비서관들의 자리가 마련되어 있다. 각 비서관은 업무를 보좌하는 다수의 행정관들을 거느리고 있다. 행정관들은 정부 각 해당 부처에서 파견 나온 이들과 대통령을 포함한 집권여당과 이런저런 인연으로 맺어진 이들로 구성되고 있다. 이들을 '늘공' 출신 행정관과 '어공' 출신 행정관으로 구분하기도 하는데, 상호 간에 이런 이유와 저런 형태로 알력이 심한 것으로 알려져 있다.

청와대 비서실은 대통령의 직무수행을 보좌하기 위한 국가기관이다. 대통령은 행정부 수반으로서, 휘하에 국무총리와 각 부처 장관을 두고 행정업무와 국가정책을 집행한다. 각 전문 분야별 정책의 총괄은 각 부처 장관 몫이어야 함은 당연하다. 각 부처 간 정책의 추진·집행과 관련한 이견의 조율과 정책방향의 취합 내지 조정 업무는 총리 산하 국무조정실장 담당이 원칙이다. 이 같은 작동원리하에, 국무총리는 각 부처를 통할하고 지휘감독하도록 되어 있다.

청와대와 청와대 비서실은 이같이 행정 각 부가 소신껏 정책을 입안·집행할 수 있도록, 얼개를 구성하고는 가급적 부처 장관들의 고유 업무에 관여하지 말아야 한다. 각 부처의 업무수행을 지원하고, 또 추진과 관련한 진행사항을 부처별로 취합하여 전체적인 균형을 맞추고 장래의 종합적인 추진방향을 설정하기 위한 범위 내에서 관여를 최소화해야 한다.


이런 원칙에도 불구하고 대한민국 청와대 비서실, 대통령의 권위와 통치철학을 내세워 행정부처의 장들을 함부로 마구 부리고 있다. 툭 하면 장관에게 미주알고주알 지시성 방침을 하명하기 일쑤다.

현실이 반영되지 않은 탁상공론성 정책의 삽입을 수시로 요구하고, 장관의 일개 국장급 인사에도 일일이 관여한다. 문제가 생기면 장관에게 책임을 떠넘기기 바쁘다. 정치인이나 교수 출신이 실장이거나 수석비서관일 때, 이런 경향이 더욱 심화된다. 이런 시스템하에서의 장관은, 설령 능력이 탁월하더라도 재임 중 본연의 능력 절반도 발휘하지 못한다. 이렇게 인재능력이 사장되니, 딱한 노릇이다.

권력이 청와대에 집중되어 있고, 또 어떤 권력도 청와대를 통하지 않고는 제대로 기능을 발휘할 수 없으니, 답답한 노릇이다. 이 같은 병폐는, 청와대가 가진 힘의 절반쯤만 놓아버리면 단박에 해소될 것이다.

참모는 어디까지나 참모일 뿐이다. 실장 또한 참모의 부류에서 벗어나지 않는다. 정책입안이나 집행의 주도자는 어디까지나 장관이다. 최근 들어 청와대의 인적구성이 비대해지고 있다. 작은 정부를 지향한다는 캐치프레이즈와는 정반대 방향으로 가고 있다. 규모의 과시를 통한 카타르시스, 많이 거느린 자가 파워도 세다는 오해 속에서 청와대의 인적 규모는 어느새 백악관을 추월하고 있다. 바람직하지 않은 현상이 되겠다.

이런 시스템과 추세하에, 청와대 비서실의 비서들은 한결같이, 자신들이 만물박사요 팔방미인이라는 착각 속에 오늘도 자리를 지키고 있다. 자신감이야 굳이 말릴 필요가 없다 할 것이나, 아집과 만용을 자신감으로 잘못 알고 있는 자들에겐 약이 필요하다. 경우에 따라선 강제입원도 고려해 보아야 할 것이다.

청와대에 쏠린 파워가 워낙 절대적이다 보니, 수석비서관급이나 실장급 되는 이들이 종종 정치적 야망에 휩싸인다. 그 자리를 거쳐 간 후 적당한 시간이 흘러가면, 대통령을 꿈꾼다. 주변의 부추김에 탄력을 받아, 급기야는 대통령 출마를 운위한다. 젊은 시절 청와대 비서실을 거쳐 간 경력은, 흠이 아니라 오히려 능력증명서다. 이것 말고 그 이후 두루두루 쌓은 경력과 덕망을 자양분으로 삼아 대통령 출마를 선언한다면야, 도와주지는 못할망정 그렇다고 말릴 이유도 없다.

대통령 참모의 역할은 어디까지나 미시의 영역이다. 제아무리 잘 나고 똑똑해도, 이 영역을 벗어날 수는 없다. 일국의 대통령은 거시의 영역을 총괄해야 한다.

그런 이유로 해서, 청와대 참모 출신의 대통령직 도전은 달가워 보이지 않는다. 설령 모험과 도전에 나서 성공해낸다 하더라도, 바람직해 보이지는 않는다. 참모는 참모일 뿐, 그 이상도 이하도 아니다.

# 포퓰리즘 공약,
# 약인가 독인가?

1960년대와 70년대 초반에 치러진 선거와 관련한 풍경은, 색 바랜 흑백사진이나 필름으로 남았다. 정당연설회가 개최되고 있는 학교 운동장 한켠에선, 촌로 서넛이 막걸리 잔을 기울이고 있다. 맨 땅 위에 놓인 막걸리 독 주변을 동네 꼬마와 개가 얼씬거린다. 연설대에 오른 후보는, 이번에 자기를 국회의원으로 뽑아주면 읍내 개천에 다리를 새로 놓아주겠다는 공약을 제시한다. 오른손을 번쩍 치켜올려선 "여러분!"을 찾아 청중들의 박수를 유도한다. 4년마다 선거철은 되돌아오고, 다리 놔주겠다는 공약은 매번 되풀이된다. 끝내 다리는 놓이지 않는다. 공약을 했던 현역의원이 떨어지고 나면, 다음 선거에선 새로운 후보가 똑같은 공약을 토한다. 선거구민들은 선거철에만 대접을 받는다. 재수 좋은 이는 유세현장에서의 공짜 막걸리 몇 사발뿐 아니라, 선거 전날 저녁이나 당일 새벽에 고무신 한 켤레를 횡재한다. 운동원이 고무신 보따리를 메고는 고샅을 누벼가며, 집집마다 담장 안으로 한 켤레씩 던져넣는다. 그래서 그 시절의 선거를 고무신 선거, 막걸리 선거라고 칭하였다.

그 이후 1980년대와 90년대까지도, 먹고사는 문제는 전적으로 국민 개개인의 영역이었다. 각자의 책임하에 열심히 일해 돈을 벌고, 저축하여 재산을 늘렸다. 자식들을 교육시켜 상급학교로 진학시켰다. 자녀들은 부모의 기대에 어긋남 없이, 쏙쏙 취업해 나갔다. 그 당시의 대통령 선거는 민주정부냐 독재정권이냐에 이슈가 집중되었다. 자연스레 공약도 정치민주화를 위한 제도개혁, 인권신장과 자유보장을 위한 정책추진 등에 집중되었다. 군소정당인 진보계열의 정당이 국민의 생활권, 노동3권을 기초로 한 사회복지정책을 공약으로 내세우기 시작했다. 복지정책의 실행을 위한 재원마련 차원에서 부유세를 거론하고 나오기 시작한 것도 이 무렵이었다. 당명에 진보당이니 노동당이니 하는 명칭을 내걸었던 뭇 정당들이 다 이 계열이 되겠다. 이 부류는 현재 정의당으로까지 이어지고 있다.

하지만 대다수의 국민들은 이 같은 진보계열 정당의 대선공약을 흘려들었다. 한국의 정치현실에서 진보를 표방하는 정당 후보의 대통령 당선 가능성을 거의 제로로 본 결과에서 비롯된 태도였다. 대통령 후보로서 기억에 남는 분이 백기완과 권영길이다.

2000년대에 접어들면서는, 그간의 고단한 투쟁 결과 이 땅에서의 민주화가 어느 정도 실현된 상태였다. 여야 공히 공약으로 내세울 만한 정치적인 이슈가 별로 없었다. 밋밋한 내용만으로는 국민들의 관심을 끌기에 역부족이었다. 이러한 와중에 느닷없이 튀어나온 대선공약이 수도 이전이었다.

적절한 타이밍에 맞춰, 찬성이든 반대든 전 국민적인 이슈로 부각되었다. 선거 결과에도 영향을 미쳤다. 충청권에서의 후보 간 득표 차가 그대로 전국에서의 득표 차로 붙박혔다. 이를 공약으로 제시하고 나온 후보 본인조차도 스스로의 입을 빌려 "수도 이전공약으로 재미 좀 봤죠."라고 내뱉은 바 있다.

다들 알다시피, 수도 이전 시도는 헌법재판소 결정을 통해 무산되었다. 그 당시 관습헌법 논리가 회자되었다. 그 이후의 몇몇 정권을 거치는 동안, 애초의 수도 이전은 행정수도 이전으로 타이틀을 바꿔 달았다. 오늘날 그 추진 및 시행 결과를, 세종특별자치시가 온전한 형태로 끌어안고 있다.

정치적인 이슈가 없어져 가는 상황에서, 경제 내지 복지차원의 공약이 대거 등장하기 시작하였다. 국민들도 정부가 자신들의 복지를 책임져야 한다는 인식에 다다른 상태였다. 우선 상대적으로 진보 쪽에 기운 정당이 이런 유형의 공약들을 들고나왔다.

무상교육의 확대에다 교복 및 급식의 무상제공, 저소득층에 대한 생계비 지원 대폭 확대, 실업자에 대한 각종 수당 및 취업지원금 지급, 비정규직의 정규직으로의 전환, 최저임금의 대폭 인상 등등. 돈 주겠다는데 싫어하는 이 없다. 백만장자라도, 남들 다 받는 돈의 수급대상에서 빠지면 얼굴색이 바뀌고 화를 낸다. 이 같은 선거 공약은 곧바로 표로 연결된다. 이런 판국이니, 보수 쪽 정당도 더 이상 두고 볼 수만은 없게 되었다. 눈 뜬 상태에서 상대 당에게 표를 도둑맞았다고 분개한다. 포퓰리즘에 기한 공약이 국가 재정의 건전성을 갉아먹고, 그로 인한 부담이 고스란히 다음 세대에게 전가된다는 사실은 뻔히 알고 있다.

하지만 당장의 선거에서 이겨 살아남아야만, 정치인으로서의 생명을 부지할 수 있다. 맞대응의 방편으로, 퍼주기 식 선심성 공약을 내건다. 한술 더 떠서, 상대방이 빠뜨리거나 미처 챙기지 못한 부문의 공약까지 발굴해낸다. 똑같은 부문도, 상대 당 후보가 제시하는 금액에 듬뿍 더 얹은 돈을 주겠다면서 국민들을 유혹한다. 포퓰리즘성 공약은 여야 간에 점점 더 판이 커져가고, 국민들의 기대도 이에 따라 에스컬레이터를 타고 위로 오른다. 급기야 전 국민 모두에게 얼마씩 현금을 나눠주겠다는 공약까지 등장하는 판이다.

자고로 역사는 현재를 비추는 거울이라 했다. 공짜와 요행에 기대는 개인이 제대로 된 인생을 사는 것은 보지 못했다. 조금 살만해졌다고 흥청망청 과소비하는 집안 꼴, 3대를 버티지 못하는 법이다. 대제국 로마도 외세의 침략이 아닌, 시민들이 사치와 향락에 빠진 끝에 망했다.

베네수엘라를 비롯한 남미 여러 나라의 지도자들이 포퓰리즘에 의지해 정권을 유지해 나갔다. 써도 써도 괜찮을 것 같은 국고는 고갈되었다. 퍼내고 퍼내도 끝없을 석유자원을 최후 보루로 삼아, 선동정치와 독재정치를 펼쳐갔다. 하지만 아직 고갈되지 않은 석유도 포퓰리즘의 존속을 보장하지는 못했다. 국민들은 근로의 욕을 잃어갔고, 향락과 마약에 빠졌다. 국고는 거덜 났고, 독재자는 몰락했다. 국민들은 이 나라 저 나라로 뿔뿔이 흩어져 국제적인 미아 신세가 되었다. 개인이든 국가든 가진 재산 다 털어먹은 상태에서는, 우선 허리띠를 졸라매고 생활전선에 뛰어들어 땀 흘려야 한다.

하지만 포퓰리즘이라는 마약의 맛에 길들여진 이들은 십중팔구 정반대의 길을 간다. 정부에 대한 끝없는 요구가 더 이상 수용될 수 없다는 한계상황에 다다른 이들은, 폭동과 반정부투쟁의 길로 들어선다. 이런 현상이 전개되는 나라들을, 우리는 세계지도 속 남유럽과 남미에서 목도하고 있다. 안타까울진저!

포퓰리즘 공약은 약이 아닌 독일지어다.

우리들은 포퓰리즘에 기한 정치를 회피하고 또 거부하여야 한다. 그것도 단호히. 대통령을 꿈꾸는 이 땅의 정치인들이여! 그리고 대통령을 배출하기 위해 후보를 내세우는 정당들이여! 바라건대 더 이상 포퓰리즘의 유혹과 타성에 빠지지 말지어다.

당장 눈앞의 표를 얻기 위한 손쉬운 수단임에는 틀림없겠으나, 적어도 대한민국의 대통령을 꿈꾸는 이라면 그로 인한 폐해가 어떠하다는 것쯤은 너무도 잘 알 것 아닌가?

그대들이 장차 내걸 공약집 속 공약이 어떤 것들이냐에 따라, 이 나라의 명운과 국민들의 안위가 전적으로 달렸다.

# 선거 과정에서의 술수와
# 여론조작

　선거에 출마하는 후보는, 우선 자신이 왜 선거전에 뛰어들었는
지를 밝힌다. 공약을 내걸고, 유세현장에서의 연설, 아니면 기자
회견 또는 토론회를 통하는 것이 일반적인 예이다. 과거 대통령
후보들의 연설 중 모 후보의 한강 백사장 연설, 모 후보의 장충단
공원 연설은 아직까지도 인구에 회자된다. 후보들도 구름같이 몰
려든 청중들 앞에서 사자후를 토해냈지만, 운집한 군중이 80만이
니 100만이니 했다.

　하지만 시대가 바뀌고, 인심도 변했다. 대통령 후보의 연설현장
이라고 해도, 청중이 많아 봐야 1,000명이다. 이러한 추세에 맞춰
하루에 대여섯 도시를 이동해 가며, 짧게 짧게 연설회를 갖는다.
그 대신 미디어 매체를 활용한 선거운동이 활기를 띤다. 홍보성
광고와 아울러 텔레비전이나 라디오를 통한 후보 연설, 후보 간

토론회를 통한 방식의 선거운동이 그것들이 되겠다.

여론조사가 수시로 행해지고, 그때그때의 후보자들 지지도가 공개된다. 후보자 간 지지도의 격차가 시간이 갈수록 점점 더 벌어지기도 하고 좁혀지기도 한다. 여론조사의 결과에 따라 후보자들 사이에 일회일비가 교차한다. 지지도 격차가 벌어지고 선거일은 코앞으로 다가올 때면, 뒤진 후보자는 불리한 전세를 만회하기 위한 술수 사용의 유혹을 쉽게 뿌리치지 못한다.

상대방에 대한 결정적인 반격카드가 든 주머니 속에 깊숙이 손을 밀어 넣고는, 만지작 꼬기작한다. 그가 결정적인 타이밍을 재고 있는 카드란 것은, 바로 보나 제쳐 보나 비신사적이고 또 더티하다. 심지어 전혀 사실에 근거하지 않은 중상모략성의 것들도 등장한다. 정치판에서는 이를 흑색선전이라 칭한다. 그렇게 하면 안 된다는 것 정도는 다들 안다. 실제 말의 형태로도 종종 내뱉는다. 하지만 막상 불리한 상황에 직면해서는, 써먹음의 유혹에 빠져버린다.

후보자 간 신사협정을 맺어선, 상대방에 대한 인신공격성 발언이나 유세를 상호 차단하는 경우가 있기는 하다. 이들은 유권자들로부터 공정한 판단을 받겠다면서, 주어진 선거운동도 포기하고는 함께 여행을 떠난다. 아름답긴 하지만, 애석하게도 이는 단위농협조합장에 입후보한 이들 사이의 미담일 뿐이다.

과거 농경사회 선거판에서의 후보자 간 술수는 그 여파가 그리 크지 않았다. 한 지역에 국한되었고, 그를 통한 표의 흡수력도 당락에 결정적으로 영향을 끼칠 정도까지 도달하지는 못하였다. 지방 모 지역의 국회의원 선거에 나선 야당 후보가, 집권여당의 노골적인 관권선거에 맞서기 위해 꾀를 냈다. 선거일 전날 저녁 무렵, 운동원들로 하여금 집집마다 고무신을 돌리게 했다. "여당후보가 주는 겁니다. 한 표 부탁드립니다." 받은 이들은, 내일 찍을 후보의 기호란을 떠올리면서 저물어가는 서쪽하늘을 올려다보았다. 그러고는 안방에 둘러앉아, 식구들 중 누구 발에 맞는지 돌려가며 신어봤다.

다음 날 아침, 날이 채 밝기도 전에 어제의 운동원들이 가가호호 대문을 두드리고 사립문을 흔들었다. 사립문에 매달린 깡통의 딸랑대는 소리에, 주인이 눈을 비비며 얼굴을 내민다. "거, 밖에 뉘슈?"

"아, 네! 고무신을 잘못 나눠줬대서, 회수차 나왔습니다."

"이런, 지미랄." 결과는 야당 후보의 당선이었다. 1960년대 후반에 벌어진 일이었다. 당시 정보기관은, 문제의 야당후보가 그해 선거에서 거듭 당선되는 경우에는 전국적인 인물로 부상할 우려가 있다고 분석하고 있었다. 이는 곧 차기 대선에서의 집권당 불안으로 연결될 수도 있는, '각하'의 관심사항이기도 했다. 그를 떨어뜨리기 위한 이런저런 공작과 노골적인 관권개입이 이어졌다. 건설부서의 장관이 선거기간 내내 그 지역에 상주해가면서 지역개발의 선심성 공약을 쏟아내고 있었다. 당시 관권선거에 맞서기 위한 야당 후보의 술책(?)은, 여러모로 부득이한 면이 있었던 것으로 보여진다.

　정보화사회가 도래하고, 인터넷과 SNS 사용이 일상화되었다. 개인의 입장에서는 쉽고 또 편리하게 이런저런 정보에 접근하는 것이 가능하게 되었다. 한걸음 더 나아가, 정보를 일방적으로 전달받는 입장에서 쌍방 소통하는 방식으로의 전환도 급속히 확대되고 있다. 하지만 세상만물이란, 순기능이 있으면 반드시 역기능이 따라붙게 마련. 최첨단 과학기기에 대한 의존이 심화되기에 이르렀다.

　인간이 정보를 활용하고 지배하는 것이 아니라, 반대로 특정 계층에 의해 독점되는 정보의 전파에 의해 대다수의 개인이 놀아나고 또 복속당하고 있다. 영민한 인간들은 이 같은 추세를 정치판, 특히 선거판에서 활용하고 있다. 지난 박 정권하에서 국가정보원 요원들에 의해 행해진 댓글조작사건은, 정부에 불리한 정세에서 탈피하고자 하는 목적에서 그때그때 형성되는 여론의 방향을 정부에 유리한 방향으로 틀기 위한 의도적인 시도 이외에 아무것도 아니다. 수많은 이들이 국정원을 규탄하였고, 정권을 비난하였다. 이에 관여한 이들에 대한 사법처리 과정에서 시작된 청와대와 검찰수뇌부 간 알력은, 결국 검찰총장의 사생활 공개와 이와 관련한 사퇴로까지 비화되었다.

대통령 탄핵으로 인한 정치적 공백을 메꾸기 위한 대통령 선거가 느닷없이 치러졌다. 그해 연말을 선거시점으로 알고 차근차근 준비해 나가던 분은, 갑자기 앞으로 당겨진 선거일정에 의해 행보에 차질이 생겼다. 기성 정치인들과 언론의 시선도 곱지 않았다. 손에 들고 있는 생수를 트집 잡고, 서울 시내 지하철 승차권 구매와 관련한 서투름을 꼬집었다. 서민 대중과는 거리가 멀다는 뉘앙스였다. 이 두 가지 상징적인 장면의 부각만으로도, 그는 유력후보 대열에서 나가떨어졌다.

대통령선거 유세는 외투 속에 두 손을 찌른 자세로 듣는 것으로 알고 있던 이들은 5월 선거를 영 어색해했다. 정치꾼들은 장미가 본격적으로 피기 전인데도, 장미선거라는 미사여구를 끌어다 썼다.

각 후보들에 대한 인기도 내지 지지도와 관련하여, 음험한 공작이 시도되었다. 기상천외한 방법으로 조작된 댓글이 엄청난 규모로 올려졌고, 객관성과 공정성이 생명인 여론의 순수성은 짓밟혀 통째로 뭉개졌다. 선거에의 기여 여하에 따른 관직의 보장 등 뒷거래의 흔적도 남겨졌다. 이 같은 여론조작이나 부당한 선거개입을 두고 마냥 '양념' 운운만 하고 있을 수는 없다. 세상 사람들은 이를 '드루킹 사건'이라 칭하고 있다.

사건에 관여한 혐의로 기소된 현역 도지사 신분의 유력 정치인은, 쟁쟁한 변호인들을 통한 무죄항변에도 불구하고 1심과 항소심에서 실형을 선고받았다. 그는 아직도 조작장치 시연 현장에 있지도, 여론조작을 지시하지도 않았다며 억울해한다. 만약 미국 사회에서 똑같은 일이 벌어졌다면, 그 책임이 어떠한 형태로 또 어느 선까지 미쳤을 것인가를 상상하는 것만으로도 아찔하고 또 끔찍하다.

선거 과정에서의 술수와 여론조작을 배제하고 차단하기 위해서는, 정당 차원에서의 대책 수립과 함께 이의 실천을 위한 부단한 노력이 요구된다. 국민들과 시민단체들의 철저한 감시 또한 필수적이다. 이 같은 목표가 실현되기 위해서는, 무엇보다도 먼저 후보자들의 각성과 다짐이 전제되어야 한다.

후보자들은 결코 양념 운운하면서 넘어갈 것이 아니다. 의혹에 대한 철저한 수사와 함께, 지위고하를 막론하고 관련자들에 대한 엄격한 처벌을 앞장서서 주문하여야 할 것이다. 선거는 한 번으로 끝나는 것이 아니라, 주기적으로 반복될 것이기 때문이다.

# '얼굴마담' 대통령의
# 등장 가능성

독재정권하에서 독재자의 권력은 그가 죽거나, 아니면 군사쿠데타나 시민혁명으로 자리에서 쫓겨나야 끝나기 마련이다. 조금 완화된 형태의 독재하에서는 독재자에 의해 후계자가 지명되고, 별다른 절차 없이 곧바로이거나 아니면 형식적인 선거절차를 거쳐 권력의 승계가 이루어진다. 계승자는 새로이 권력을 장악하고, 퇴임자는 사후의 안전과 향락을 보장받는다. 러시아의 보리스 옐친과 푸틴 사이에 있었던 대통령직 승계가 대표적인 예가 되겠다.

중간에 무산되긴 하였으나, 이 땅에서도 이와 비슷한 시도가 있었다. 6·29선언을 기반으로 한 대통령직선제 선거를 통해, 노태우가 대통령으로 당선되었다. 국민의 선택에 의한 당선임에는 틀림없어 보인다. 하지만 헌법상 기구로서, 국가 원로들로 구성되는 국정자문회의가 설치되었다. 직전 대통령이 이 회의의 의장이었다. 대통령 퇴임 즈음 설립된 일해재단의 인적·물적 규모의 방대함은 입을 쩍 벌어지게 하기에 충분했다. 이런저런 의구심은 정치권뿐만 아니라 세인들 사이에서도 퍼져 나갔다. 급기야 '상왕통치' 운운하는 말들이 여기저기서 터져 나왔다.

88서울올림픽이 끝날 때까지는 신·구 권력 간의 갈등과 알력이 잠재되어 있었으나, 그 이후의 상황은 달랐다. 여론은 구권력에게 불리하게 돌아갔고, 전직 대통령은 세모에 국회청문회에서의 이런 저런 수모를 감수해야만 했다. 피청문인을 몰아세우는 과정에서 책상 위 명패를 집어 던지며 울분을 토한 초선의원은 일약 청문회 스타로 떠올랐다. 새해 첫날의 자정이 가까워가는 심야에 이르러서야 고역에서 놓여난 전직은, 숨 돌릴 틈도 없이 곧장 백담사로 유배(?)의 길을 떠나갔다. 현직 대통령은 이렇다 할 말이 없었다.

푸틴이 대통령으로서 나름 치적을 쌓아가고, 또 국민들로부터도 인기가 있었다. 인기의 비결 중 가장 큰 것은 푸틴이 구소련이나 러시아제국에의 향수를 불러일으키고, 또 이를 바탕으로 러시아인으로서의 자부심을 심어준다는 점이었다. 그가 인기를 누리는 동안 세월은 흘러갔고, 헌법이 규정하고 있는 연임제한을 피할 묘수가 딱히 없었다. 궁리 끝에 나온 묘책이 허수아비 대통령의 옹립. 그래서 선택된 인물이 메드베데프. 푸틴은 자청하여 총리로 내려앉았다. 젊은 대통령은 주어진 임기 동안 총리의 눈 밖에 나지 않았고, 조심조심 임기를 채울 수 있었다.

다시 대통령으로 등장한 푸틴은 새로운 임기를 채우기도 전에 여론과 의회의 염원(?)을 내세워, 아예 자신의 임기와 관련한 헌법 개정에 나섰다. 종신대통령에 다름 아니게 되어버렸다. 그야말로 차르 등극. 메드베데프의 공손과 순정도 오늘의 푸틴을 있을 수 있게 하는 데 한몫하였다고 평가할 수 있겠다. 그는 현재도 푸틴 휘하에서 나름 권력을 누리고 있다. 남들은 허수아비였다고 입방아를 놓지만, 그는 일국의 대통령을 역임하였다는 자부심을 아직껏 갖고 있는 것으로 보인다.

정치적 혼란기에는, 유력 정치세력들 간에 막후 절충과 타협이 이루어진다. 보는 이에 따라서는 '야합'이라는 표현을 쓰기도 한다. 실권이 없는 이를 전면에 내세워 지도자로 옹립한다. 이른바 '얼굴마담' 지도자가 되겠다. 정치세력 간 정립상태가 유지되고, 막후 실력자 간 절충에 따라 국정의 향방이 결정된다. 세력 간 균형이 무너지거나 외부로부터의 충격요인이 발생하는 경우 우선적으로 얼굴마담이 제거된다. 피살로 끝나는 것이 다반사다.

'얼굴마담'은 능력 이상의 지위와 권세를 누릴 수는 있으나, 보장되는 건 아무것도 없다. 일이 꼬였을 때 책임을 전가 받는 경우가 흔하고, 여차하면 희생양으로 바쳐져야 하는 숙명을 피해가기가 쉽지 않다. 파리목숨인데도, 예나 지금이나 그 지위를 자청하고 나서는 이가 적지 않음은 쉽게 풀 수 없는 수수께끼다.

여러 가지 여건상 국민들 개개인이 일일이 국정에 참가하거나 관여할 수는 없다. 대의 민주주의니 정당정치니 하는 표현대로, 국민은 의회의 의원을 선출 또는 소환하거나 정당가입 내지 지지 활동을 통한 간접적인 방법으로 자신의 정치적 의사를 표명할 수 있을 뿐이다. 한마디로 정치는 국민의 대표로 선출된 의원들과 정당을 구성하고 있는 정치인들의 몫이다. 하지만 사회구조가 복잡해지고, 그에 맞추어 이런저런 권익단체가 우후죽순으로 생겨나기에 이르렀다. 정치권을 향한 이들의 노골적인 요구가 끝이 없다. 자기들이 동원할 수 있는 표를 내세워 정당과 후보를 은근슬쩍 협박하기까지 한다. 종교인들도 정치판을 기웃거리고, 특정 종교의 교리를 내세우는 정당도 등장하는 판이다.

노동단체들은 전국적인 조직망과 조합원들의 상시적인 투쟁성을 무기로 여야 정당을 아울러 막강한 영향력을 과시한다. 노총을 주요지지 세력으로 둔 진보계열의 정당도 존재한 지 오래됐고, 10석 안쪽으로 국회의석도 확보하고 있다.

최근에 이르러서는, 이런저런 시민단체와 해당 단체 출신의 신진 정치인들의 기세와 영향력을 무시할 수 없는 실정이다. 이들 단체 출신들은 정부 요직뿐만 아니라 공공부문, 기업을 비롯한 민간부문 구석구석에까지 진출해 있다. 인원은 많지 않으나, 전문성과 투쟁성은 타의 추종을 불허한다.

정치권이 그때그때 그들이 제기하는 이슈에 휩싸이고, 때에 따라서는 아예 매몰되기도 한다. 명색이 시민단체인데, 시민은 없고 운동가만 있다고 한탄하는 이도 있다. 시민단체의 목소리와 위상은 급속도로 커지고 높아지고 있다. 그 출신들의 활동 내지 지배 영역은 날로 넓어지고 있다. 이들 단체들은 자기들이 누구누구를 대통령으로 만들었다고 대놓고 말한다.

지금까지의 추세로 보아, 특정 노동단체·시민단체·교원단체의 낙점을 받지 않으면 대통령의 꿈을 실현할 수 없는 세상이 올지도 모르겠다. 아예 이들 단체들이 자신들에게 돌아올 이익을 최대한으로 약속하는 자를 대통령 후보로 지정하거나 전폭적으로 지지하여, 당선시키는 단계에까지 나아가지 않을지 걱정이다.

그런 사태가 현실화되는 경우 대통령은 그들 단체와 구성원들의 이익실현에 몰두하느라, 어쩔 수 없이 국민들의 자유와 권리를 희생시킬 것이다. 과연 누가 정부의 실권자인지의 구분이 어려워질 때, 대통령은 '얼굴마담'의 호칭에 '꼭두각시'의 명에 하나를 더 얹을 것이다.

부디 나 혼자만의 기우이길 바랄 뿐이다.

# '멍게'와 '똑게',
# 어떤 스타일이 바람직한가?

젊디젊은 왕이 평범한 민간인 복장으로 갈아입는다. 약간의 변장술까지 가미된다. 달랑 경호원 하나를 달고는 몰래 왕궁을 빠져나온다. 일반 시민들의 삶 속 현장으로 끼어들어, 두루두루 민정을 살핀다. 삶의 애환이 생생하니 노출되고, 정부와 공무원들에 대한 불만과 비판도 그대로 드러난다. 왕을 대면하여 직접 대화를 나눈 이들조차도, 그가 자기들 나라의 왕이라는 사실을 전혀 눈치 채지 못한다. 왕은 왕궁의 화려함에 안주해 가며 통치한다는 것이 그들의 상식이다. 왕은 이 같은 암행을 통해, 걸러지지 않은 상태의 민심을 채집한다. 그 결과는 곧장 국정에 고스란히 반영된다. 그는 장기간 선정을 베풀다 간 부친의 왕위를 이어받은, 요르단의 청년왕이다.

조선조 왕실에서는 세자의 잠행이 문제였다. 장차 왕위를 이어 받을 존엄한 신분으로, 당연히 학문의 습득과 인격의 수양을 통해 덕을 쌓아가는 길이 정도였다. 홍문관의 고위직이 세자의 교육을 전담하기 위해 설치된 직위를 맡았다. 세자가 공부와 수양을 게을리하더니, 어둠을 틈타 미복차림으로 왕궁 밖으로 빠져나간다. 무뢰배들과 어울리고, 또 기생들을 끼고 음주가무에도 몰입한다. 미복잠행의 횟수가 잦아지고, 급기야 이 같은 실태가 왕에게까지 보고된다. 세자의 비뚤어진 성품과 기행의 습벽은 쉽게 바로잡히지 않는다. 부자간의 알력과 갈등이 길게 이어진다. 생모와 관련한 비극의 주인공이거나, 또는 엄격이 지나쳐 완벽을 추구하는 성격을 가진 왕을 아버지로 둔 세자가 이런 길로 빠져든다. 조선왕실에서의 이 같은 형태의 미복잠행은 바람직한 것도 아니었고, 그 주인공들의 인생 또한 순탄치 않았다.

1980년대 군사정권하에서, 혈기방장한 대통령은 새벽잠이 없었다. 오전 서너 시부터 참모와 관련 공무원들을 거느리고 동에 번쩍, 서에 번쩍 수시로 출몰하였다. 한겨울 맹추위도 대통령의 부지런함을 꺾거나 느슨하게 하지는 못했다. 가락동 농산물 시장도, 일선 파출소나 소방서도 불시방문의 대상에서 빠지지 않았다. 언제 대통령이 느닷없이 나타나 현장의 근무상태를 점검할지 몰라, 특히 일선 공무원들은 초긴장이었다. 두툼한 방한외투 차림의 대통령은 최전선 철책의 경계상태 점검에 나선 사단장의 모습에 더 가까웠다. 아마도 군 현역시절 몸에 밴 행동양식이 청와대 입성 후까지도 지워지지 않았던 것으로 보인다.

하지만 군 출신 대통령의 입장에서는, 수시로 행해지는 이른바 민정시찰로 인해 국민들과 특히 공무원들이 겪는 불편과 애로까지에는 생각이 미치지 못했던 것 같다. 국가의 행정과 대통령의 통치까지도 실패와 방심을 용납하지 않는 '군대식'이어야 한다는 신념이 확고했다고밖에 해석할 수 없겠다. 이런저런 형태로 다수인에게 불편을 주기는 하였으나, 민정시찰을 아예 하지 않거나 혹 하더라도 사전에 짜놓은 각본에 따라 방송카메라를 늘 대동시키는 유형의 대통령보다는 백번 낫다 하겠다.


세상에는 4가지 유형의 사람이 존재한다고 한다. 이를 설명하는 데는 십자형 틀을 가진 창문이 동원되기도 한다. 분류의 기준으로서 지능의 정도와 근면의 수준이 동원된다.

이 같은 기준에 따라 나누어 보면, 똑똑하고 또 부지런한 사람, 똑똑하나 게으른 사람, 둔하기는 하나 부지런한 자, 둔하고 또 게으른 자로 분류된다. 길게 늘어지는 표현을 싫어하는 신세대들은 똑부·똑게·멍부·멍게로 축약한다. 여기에서의 '멍'은 멍청하다는 의미로 보인다. 약간 인격모독적인 냄새가 나기는 한다.

그렇다면 어떤 유형이 바람직한 인간상인가? 대부분의 사람들은 똑부라고 대답한다. 개인의 범주에 국한해서 말한다면, 정답일 수 있겠다. 거기에다가 성격이 싹싹하고 예의까지 바르다면, 웬만한 집안에서는 사윗감으로 마다하지 않을 것이다. 하지만 제법 큰 규모의 조직에서라면, 똑부보다는 똑게가 리더의 인간상으로서 훨씬 더 바람직하다 하겠다. 일국의 대통령 차원이라면, 더 말할 나위가 없겠다.

똑부형은 스스로는 나름 자부심과 우월감을 즐길 수 있고, 또 승승장구하여 권력과 명예까지도 거머쥘 수 있을 것이다. 하지만 아랫사람들은 피곤과 좌절을 피할 길이 없다. 언제 또 어떻게 지적당하고 문책될지 알 수 없어, 불안을 떨쳐내지 못한다. 가급적 리더와 부딪치지 않으려 하고, 늘 그의 동선을 주시한다. 주눅 든 상태가 길어지면 병이 된다. 휘하 구성원들의 사기가 저하되고, 조직의 응집력은 날로 떨어진다. 개인의 영광이 뜻밖에 조직의 불운으로까지 연결된다.

명군이자 성군으로 추앙받고 있기는 하나, 영조대왕이 이런 유형의 지도자요 왕이었다. 조정의 신하들은 늘 긴장의 끈을 놓지 못했고, 그러니 얼굴색도 좋을 수가 없었다. 똑부 아버지인 왕은 아들인 사도세자까지도 내쳤고, 끝내 자식을 죽음의 비극으로까지 치닫게 하지 않았던가.

똑게형은, 확인도 지적도 늘 한 템포 늦다. 수하 사람들이 윗사람의 임검 전에 일을 해결하고 또 완성해 낸다. 뒤늦게 이를 확인한 리더는 한편으로는 무안해하고, 다른 한편으론 대견해한다. 뿌듯한 마음은 칭찬과 포상으로 이어진다. 조직의 구성원들도 지적 받고 훈시를 듣는 경우가 반복되다 보면, 자신의 능력에 대해 회의에 빠진다. 자신감을 잃고, 우선 상급자의 눈치부터 보게 된다.

하지만 똑게형 리더 휘하의 조직은 늘 활력이 넘치고, 한두 번의 실패로는 결코 좌절하지 않는다. 자율성과 창의성이 일상화된다. 날을 거듭할수록 시너지 효과가 배가 된다. 소규모의 조직도 그러할진대 수석비서관 회의나 국무회의를 주재하는 대통령이 똑게형 인물이라면, 회의 참가자들이 한결같이 표정 없는 얼굴로 고개를 숙인 채 '어른'의 말씀을 수첩에 받아 적고 앉아만 있지는 않을 것이다. 난상토론이 벌어지고, 가끔씩 폭소도 터져 나올 것이다. 우리에게 불가능한 장면은 결코 아니다.

그렇다면, 가장 안 좋은 인간형은?

개인차원이라면, 당연히 멍게일 것이다. 반면에 조직차원이라면 얘기가 달라질 수 있다. 모르긴 몰라도, 멍부가 정답이 될 것이다. 왜냐고? 앞서 읽은 똑게와 똑부를 대조하고 다시 이를 뒤집어 보면, 어렵지 않게 답을 끌어낼 수 있을 것이다.

개인적으로는, 조선조의 역대 임금들 중 인상적인 똑게형은 효종쯤 되리라 생각한다. 이 땅의 역대 대통령 중 멍부형에 해당하는 이가 있었는지 여부를 분석해 보는 것도 나름 의미가 없지는 않을 것이다.

제2부

대통령의
불행이 싹 트는 공간,
청와대

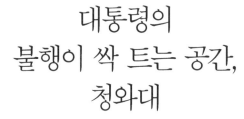

# 취임사는
# 읽으면 그걸로 끝인가?

동서를 막론하고, 대통령 당선자는 자신의 취임식을 멋지고 화려하게 장식하고자 온 신경을 곤두세운다. 대통령 신분으로서의 첫 공식행사요, 임기의 출발점이라는 상징성이 매우 크기 때문이다. 국민들로 하여금 대통령에 대한 강력한 신념을 심어주기 위해, 걸음새부터 얼굴표정과 제스처까지 위엄에 제대로 연결되도록 갖은 애를 쓴다. 취임사의 낭독, 아니 취임연설은 대통령 취임식의 하이라이트다. 취임사에는 임기 중 개진할 국정의 방향과 지표, 그리고 지침이 함축적으로 담기게 마련이다. 따라서 취임사를 한 번 읽어보면, 새 대통령과 그가 조각한 정부가 어떤 방향과 모양으로 국정을 이끌어갈 것인지를 대략적으로 파악할 수 있다. 개인적 성격이나 출신에 따라 취임사의 분량이 차이가 나기도 한다.

미국의 경우를 살펴보자.

일반적으로 재선 대통령의 취임사는 첫 번째 임기 시작점에서의 그것보다 길이가 짧다. 그만큼 여유가 생겼고, 또 고수의 반열로 들어섰음의 징표가 되겠다. 맺고 끊는 것이 정확한 이의 취임사는 짧다. 대표적인 케이스가 7대 대통령인 앤드류 잭슨. 두 번의 취임사가 다 짧다. 장군 출신 대통령의 그것도 대부분 짧은 편이다. 18대 대통령 율리시즈 S. 그랜트는 두 번에 걸친 취임사를 짧게 마무리했다. 초대 대통령 조지 워싱턴의 그것 역시 짧다. 그의 두 번째 취임사는 그야말로 압권이다. 단 11줄이다.

예외도 있다. 34대 대통령인 드와이트 D. 아이젠하워의 첫 번째 취임사는 두 번째 것과는 달리 긴 편이다. 역대 최연소 대통령인 35대 존 F. 케네디의 연설은 명연설로 기록되었다. 분량은 짧은 편이다.

68세 노장군의 신분으로 9대 대통령이 된 윌리엄 헨리 해리슨은 취임사를 읽는 데 무려 1시간 45분을 소비했다. 의사당 밖에서 모자와 외투는 물론 장갑까지 벗어놓고 3월 4일의 추위와 바람에 고스란히 노출된 대통령은, 그 여파로 인한 감기가 폐렴으로까지 악화되었다. 노장군은 끝내 병상에서 회복하지 못하고 서거하였다. 취임사가 길다고 좋은 건 아니겠다. 그러함에도 25대 매킨리 대통령의 취임사는 첫 번째 것도 길고, 두 번째 것도 역시 길었다.

미국은 모범적인 대통령제 국가로서, 벌써 40명이 넘는 대통령을 배출하였다. 그간 대통령직을 거쳐 간 이들의 취임사도 두껍게

쌓였다. 수준 높은 고급영어의 압축판이다. 단순히 영어수업의 교재로서뿐만 아니라, 정치학도들에게는 학문의 폭을 넓힐 수 있는 학습서로서의 기능을 십분 발휘하고 있다.

우리나라도 1948년 정부수립 이후 이런 분 저런 이가 대통령직을 거쳐 갔다. 70년이란 세월에 비해 인물의 숫자가 상대적으로 적음은, 두 차례에 걸친 독재정치 탓이다. 그간 거쳐 간 대통령들이 취임식 때마다 비교적 긴 분량의 취임사를 읽어내려갔다. 각자 나름의 방식과 정치적 주관에 따라, 쥐어짠 통치철학과 국정운용의 방향을 최대한 끼워 넣었을 것이다.

건국의 기틀을 다지고, 민주주의의 신장과 민족문화의 창달에 매진하겠다, 자유민주주의 체제에 기초한 통일국가를 수립하기 위해 심혈을 기울이겠다, 가난을 떨쳐내고 경제부국을 이뤄내겠다, 한국적 민주주의의 정착을 위해 노력하겠다, 임기 중 선진국에의 진입을 달성하겠다 등등.

어느 대통령이 어떤 내용의 취임사를 했는지에 관하여, 대부분의 국민들이 아예 관심이 없다. 어느 정권에서 기존의 국가정책이 어떤 방향으로 바뀌었는지도 파악하기가 쉽지 않다. 취임사에서 밝혔던 정책이나 국정의 방향이 임기 중 바뀐 것이 있는지, 있다면 무엇이 어떻게 바뀌었는지도 또한 알 수가 없다.

취임사를 통해 실현하겠다고 한 국민과의 약속 중 제대로 이행된 것들이 얼마나 되는지, 이행되지 않은 사항들은 어떤 이유로 그렇게 되었는지도 꼼꼼히 따져보아야 할 것이다. 이 같은 분석과 평가를 토대로 정권의 성공여부를 판가름하여야 한다. 성공한 정부의 성공요인이 무엇인지, 또 실패한 정권의 패착 원인은 무엇이고, 후속 정부가 이것들에서 어떤 교훈을 이끌어내고 반면교사로 삼아야 하는지를 궁구해야만 한다.

하지만 그 흔하디흔한, 무슨 무슨 정치연구소라는 것들은 연구소의 명칭에 걸맞은 연구는 안중에도 없다. 거의 대부분이 특정 정치인의 야망실현 내지 집권을 위한 권모술수와 허튼수작으로 가득 찬 집권 시나리오의 작성과 각색에만 몰입해 있다. 이것이 엄연한 대한민국 정치 현실이다. 착잡할 뿐이다.


기억나는 대통령 취임사가 있는가?

"이 땅에서 다시는 나 같은 불운한 군인이 탄생하지 않기를 바랄 뿐이다."

"이 땅에서 다시는 정치보복의 악순환이 반복되지 않도록 만들겠다."

"이 땅에서 반칙과 특권을 영원히 뿌리 뽑겠습니다."

"나의 정부에서 기회는 평등할 것입니다. 과정은 공정할 것입니다. 결과는 정의로울 것입니다."

이렇게 국민들 앞에서 읽힌 취임사는, 과연 진심에서 우러난 말들이었나? 그리고 재임 중 제대로 실천되고 실행되었나? 하나하나

짚어가며 따져보아야 한다.

그런데, 취임사에 박혀 있는 "한 번도 경험하지 못한 나라"라는 것이 무엇이고, 그런 나라를 만들겠다는 열정은 또 무엇을 뜻하는 것인지, 도대체 알 수가 없습니다그려.

# 왕은
# 왕을 죽이지 않는다

오의 합려가 초나라로부터 망명해 온 오자서의 능력을 알아보곤 중용하였다. 승승장구하던 오나라의 기세는, 합려의 갑작스러운 죽음으로 한풀 꺾였다. 월나라와의 전투에서 독화살을 맞은 후유증을 끝내 버텨내지 못했던 것이다. 원수를 갚으라는 유언이 있었고, 아들 부차가 왕위를 승계하였다. 섶 위에서 잠을 자가며 복수의 날이 오기를 기다렸다. 와신(臥薪)이 되겠다. 마침내 월나라를 멸하고 월왕 구천을 사로잡기에 이르렀다. 하지만 부차는 구천을 죽이지는 않았다.

흥망성쇠가 반복되던 춘추시대의 특성상, 한 나라는 언제든 다른 나라에 의해 망할 수 있었다. 자연스레 왕 또한 여차하면 적국의 포로 신세로 전락할 수 있었던 것이다. 적국의 왕을 사로잡을 수 있는 것과 마찬가지로, 나 또한 언제든 적국의 포로가 될 수 있다는 것. 왕의 처형은, 곧 상대방의 비운이자 나의 비운이기도 한 것이다. 여기에서 '왕은 왕을 죽이지 않는다'라는 묵계가 이루어졌고, 불문율로까지 차원이 높아지게 되었다.

회계산에 은둔하며 온갖 치욕을 맛보면서도, 구천 또한 이를 갈았다. 쓸개를 매달아 놓고 매일 핥아가며 전의를 불태웠다. 이 장면이 바로 상담(嘗膽)이다. 앞서 본 부차의 와신과 합하여 생겨 난 고사성어가 바로 와신상담. 비록 패망하여 나락으로 떨어진 신세였지만, 구천에게는 문종과 범려의 보필이 있었다. 천하미인 서시를 동원한 미인계에 오왕 부차가 넘어갔다. 반간계에 명장 오자서의 목이 날아갔다.

마침내 구천은 오를 멸망 시켜 원수를 갚았고, 또 치욕도 씻었다. 부차는 포위된 상태에서 자살로 생을 마감하였다. 오의 멸망 후 월왕 구천은 향락에 빠졌고, 충신 문종과 범려는 구천에게 버림받았다. 역사의 아이러니!

후고구려의 왕 궁예는 휘하 막료들인 홍유·신숭겸·배극렴·복지겸 등 인물이 일으킨 쿠데타에 의해 왕좌에서 쫓겨났다. 이들 주도세력에 의해 추대된 왕이 왕건이었다. 능력과 인품이 출중하고, 덕망도 갖춘 인물이었던 것이다. 왕건은 후삼국통일 전쟁을 수행해 나갔다. 신라의 마지막 왕인 경순왕이 귀의해 왔고, 후백제의 수장인 견훤이 아들들의 궁정 쿠데타에 회의를 느끼곤 역시

투항해 왔다. 비록 전쟁으로 맞섰던 적국들의 왕이었지만, 고려 태조 왕건은 이들을 죽이지 않는다. 벼슬과 식읍을 내리는 등, 왕의 지위에 걸맞은 대접을 받을 수 있도록 깍듯이 예우했다. 이 같은 아량과 관용이 후삼국의 통일을 앞당기고, 더 나아가 신왕조인 고려가 본격적으로 국가체제를 정비하고 안정화 시키는 데 견인차 역할을 하였던 것이다.

17세기에 접어들면서, 동아시아의 세력판도에 지각변동이 일어났다. 만주지역을 기반으로 일어선 후금의 누르하치가, 세력을 키우고 또 주변 부족들을 복속 시켜 맹주의 자리를 차지하기에 이르렀다. 당시 조선은 대국 명나라에 사대의 깍듯한 예를 다하고 있던 중이었다. 고분고분하지 않고 계속 뻗대는 조선의 태도가 침략을 불러왔다. 이름하여 정묘호란.

조정은 강화도로 피난하여, 섬 안에 갇힌 채 옴짝달싹 못 하는 신세가 되었다. 양측 사이에 연미정에서의 협상에 이은 협정이 체결되었다. 양국은 형제지맹을 맺었고, 후금의 군사들은 물러갔다. 그로부터 채 10년이 지나기도 전에, 북쪽의 오랑캐는 또다시 압록강을 건너왔다. 그 사이 후금의 국호는 '대청'으로 바뀌어 있었다.

남한산성 안에 갇힌 조선의 조정은 상황을 타개할 만한 뾰족한 수가 없었다. 성 안 조선의 병사들은, 적군의 공격에 앞서 추위로 인해 이미 기진맥진한 상태에 빠졌다. 무기와 식량도 떨어져 가는 판이었다.

인조는 성문을 나가 삼전도에서 수항단 청태종 앞에 섰다. 눈밭 위 맨상투에 맨발 차림이었다. '삼궤구고두'의 예가 행해졌다. 왕 개인으로서는 물론, 조선국과 그 백성들 입장에서도 치욕이었다. 이번에는 '군신지맹'이 맺어졌다. 하지만 청나라 왕은 항복한 조선 의 왕을 죽이지 않았다. 그 대신 조선 땅에서 수많은 인력과 물자 를 강탈해 갔다. 삼학사의 충절이 기록되었고, 또 환향녀의 아픔 이 새겨졌다.

당시 항복을 위해 산성 아래로 내려가던 이 나라의 임금이 죽 음을 각오하고 있었는지는 알 길이 없다. 하지만 분명한 것은 당시 의 오랑캐들에게도 '왕은 왕을 죽이지 않는다'라는 불문율이 사장 되어버린 것은 아니었다는 사실이다.


현대의 문명국가에서 왕이나 대통령에 대한 처형은, 군사 쿠데 타나 민중혁명 등 정치과도기가 아닌 한 거의 찾아볼 수 없다. 물 론 초강대국에 의해 테러리스트 국가로 낙인찍혀 군사적 침공을 당하고, 사살되는 운명을 피하지 못한 대통령도 있긴 하다. 그는 국제정치질서 내지 강대국 간 파워게임하에서 돌출한 희생양으로 여겨진다.

여하튼 문명화 내지 정치신진화의 추세에 맞추어 위 경구를 약 간 변경한다면, '대통령은 대통령에 대해 정치적 보복을 하지 않는 다'쯤 될 것이다.

정치범 넬슨 만델라가 남아프리카공화국의 대통령으로 변신하여 자신을 박해한 전임 백인 대통령들에 대해 구속수감 등의 방법으로 보복하였다 한들, 비난하는 이들이 별로 없었을 것이다. 그가 수십 년간 당한 고초를 잘 알고 있기 때문이다. 그러나 그는 얼굴에 미소를 잃지 않았다. 정치적 보복을 용서와 화해, 관용으로 대신하였다. 그는 전 세계인으로부터 존경받았고, 용서와 화해는 어느새 남아공 정치사의 새로운 전통으로 자리 잡았다.

이 나라의 현대정치사에 있어서도, 김대중은 긴 세월 동안 정치적인 이유로 박해받았다. 고문과 납치, 그리고 투옥으로 점철된 인생사였다. 죽을 고비도 몇 번 넘겼다. 그러함에도 그는 자신의 정치적 신념과 의지를 꺾지 않았다. 시련을 극복하고 험난한 정치적 파고를 넘고 넘은 끝에, 그는 대통령이 될 수 있었다. 그의 박해자들에 대한 정치적 보복은 충분히 합리화될 수 있었다. 국민들의 양해도 얼마든지 끌어낼 수 있었다. 그러나 DJ는 그 길을 선택하지 않았다. 용서와 화합의 길로 걸어갔다. 이런 면에서 볼 때, 그는 일응 노벨평화상을 받을 자격이 있는 것으로 평가된다.

앞으로는, 누가 대통령이 되더라도 전직 대통령에 대해 정치적 보복은 하지 말지어다. 하기야 자신이 보복받지 않기 위해서는, 우선 현직이 전직에 대해 정치적 이유로 인한 보복을 하지 말아야 할 것이다. 더구나 전직을 파렴치범으로 몰아 처단함은 국격이 걸린 문제임에랴.

# 인사가 만사라는데
## -회전문 인사의 문제점

요임금은 중국 역사상 성군으로 불린다. 고대사회에 있어서 통치의 핵심은 치산치수였다. 요임금 또한 치산치수를 무난히 해냈다. 그렇다고 임금 혼자의 힘으로 해낸 건 아니었다. 능력을 가진 인재들을 널리 끌어모으고, 그들을 기용하여 적재적소에 배치하였다. 임금은 한가한 나날을 보냈고, 늘 여유가 있었다. 사회시스템은 잘 돌아갔으며, 백성은 편안한 몸으로 격양가를 불렀다. 그야말로 태평성대였다.

임금은 사람의 마음을 읽어내고 또 각자의 능력을 정확하게 계량할 수 있는 능력의 소유자였다. 아부꾼이나 간신 따위가 빌붙을 틈을 주지 않았다. 제위 또한 자식이 아닌, 순에게 선위했다. 딸 여영과 아황을 함께 순에게 시집보내 그를 내조케 했다. 제위를 이어받은 순임금 또한 요임금 못지않았다. 인물들의 기용과 배치의 탁월함은 자연스레 선정으로 이어졌다. 촌로들은 임금의 이름이 어떻게 되는지도 모르면서, 해 뜨면 일어나 일하고 해 지면 자리에 누웠다. 두 손으로 배를 두드려가면서 흥겹게도 노래들을 불렀다.

고산 윤선도가 효종 임금에게 상소를 올렸다. '국시소(國是疏)'라 불린다. 그 내용 중 일부를 보자.

"전하께서 바른 정치를 구하심이 날로 간절함에도 여태껏 요령을 얻지 못하고, 예지를 하늘에서 받으셨으나 강건함이 부족하여 상벌이 위에서 나오지 않고, 정사와 권세가 모두 아래에 있습니다. 대개 완악하고 둔한데도 부끄러운 줄 모르고, 얻으려 안달하고 잃을까 근심하는 자는 성인께서 말씀하신 비루한 자들이고, 겉으로는 온통 선한 체하면서 속으로는 제 한 몸만 이롭게 하려는 자는 성인께서 말씀하신 가짜요, 말만 번지르르한 자들입니다. 지금 세상에서 행세하는 자는 대부분 이 같은 부류입니다. 그런데도 전하께서 근심스레 위에서 외롭게 서 계시어 바깥일을 깜깜하니 보지 못하시니, 나랏일이 이 지경에 이른 것은 모두 이 때문입니다. 신은 진실로 전하를 위해 장탄식하는 것으로 부족하여 통곡하고 싶습니다."

360여 년의 시차에도 불구하고, 현재의 정치상황에 대한 비판으로서도 딱 들어맞는다. 고산 선생의 충언에 더 보태고 자시고 할 것도 없다. 모름지기 역사는 현재를 비추는 거울이다.

정치선진국의 경우, 새로이 집권한 대통령이나 수상이 각료 등 정부고위직 임명과 관련하여 폭넓고 다양한 인물데이터 베이스를 활용한다. 각계 요로를 통해 인물을 추천받는다. 심지어는 대통령 후보선출을 위한 당내 경선 과정에서 끝까지 애를 먹었던 라이벌을 선임장관 자리에 덜컥 앉히기도 한다. 이런 케이스로 미국의 국무장관에 임명된 인물들을 여럿 꼽을 수 있다. 상무부 장관 지명 수락 여부를 타진하기 위해 전화를 걸었는데, 받지 않는다. 뒤늦게 연결된 지명 예정자는, 농장에서 트랙터를 운전 중이었단다. 대통령 당선자는 손바닥을 맞부딪치며 "베리 굿, 오케이!"를 연발한다. 그러곤 오른손 엄지손가락을 뽑아 든다. 인사철마다 청와대에서 전화 오기를, 목을 빼고 기다리는 이들이 부지기수인 우리의 현실에선 진지하게 새겨볼 필요가 있는 장면이다.

1960년대와 70년대 한창 경제개발에 매진하던 시절, 비록 사생활에 문제가 있거나 재임 중 남녀문제로 사람들의 입방아에 오르는 경우에도 능력 있는 이는 중용되었다. 경제부처 장관직을 기라성 같은 인물들이 주욱 거쳐 갔다. 그들이 사생활에 문제가 있었다는 얘기는 결코 아니다. 그 시절 모 장관이 집무실 의자에 앉은 자세로, 비서실 직원과 무엇인가에 열중하고 있었다. 때마침 결재를 받기 위해 들어선 국장의 눈에 장면이 고스란히 포착되었다. 양쪽 다 기겁하였음은 물론이다. 스캔들은 통상의 수준을 훨씬 뛰어넘는 차원이었다. 소문은 퍼져나갔고, 계속 바람을 타고 번졌다. 급기야 '각하'에게까지 보고되었다. "아, 그래? 음—. 남자가 그럴 수 있지." 더 이상의 언급은 없었고, 사건 당사자 본인은 무안했을망정, 장관직을 계속 유지해 나갔다.

대통령의 입장에서 그를 내치기에는, 그의 능력이 너무 아까웠을 것이다. 실제로 그는 우리나라 경제개발 초창기부터 줄곧 핵심 브레인 역할을 해온 재무관료 출신이었다.

사람은 능력으로 말해진다. 대통령과 장관들은 업적으로 평가된다. 정부 고위직의 임명과 관련하여, 인사청문회 제도가 도입되었다. 도덕성에 문제가 없고 또 능력이 검증된 인재를 자리에 앉힘으로써, 국정지표의 원활한 수행 및 성공적인 정부를 완성해보자는 의도에서 채택된 제도라 할 것이다. 하지만 현재의 운영실태를 보면, 도입 취지에서 꽤나 멀리 떨어져 있다.

매번 검증의 잣대가 업무능력보다는 도덕성 쪽으로만 치우친다. 또한 도덕성 측면에서 일반 국민들의 정서상 도저히 받아들일 수 없는 부적격 사유가 다수 드러난 인물에 대해서도 인사권자의 임명 강행이 반복된다. 이러고는 인사청문회 자체의 의미가 통째로 사라진다. 있으나 마나 한 유명무실한 제도로 전락하기 일보 직전이라고나 할까?

인사와 관련하여 가장 큰 문제는, 일명 '회전문' 인사라 일컬어지는 인사시스템이다. 통치권자의 입장에서는, 자기가 모르는 인물에 대해서는 일단 불편해한다. 신뢰보다는 의구심이 앞선다. 제대로 충성할지 여부도 불확실해 보인다. 자연스레 과거 휘하에 데리고 있었거나 이런저런 인연으로 연줄을 놓은 사람을 인사대상으로 고려한다. 이놈은 지금까지 내 말을 잘 들어왔고, 또 이 녀석은 머리는 나빠도 충성심 하나만은 끝내주지. 아! 저놈도 있구먼. 내가 어려운 지경에 빠졌을 때 함께 몰려 고생깨나 했잖아. 아무리 마당발이고 또 오지랖이 넓다고 하더라도, 다들 인간일 뿐이다. 친목과 사교에도 한계가 있다.

이런 상황에서 소위 회전문 인사가 시작된다. 한번 이런 패턴의 인사가 이루어지면, 그 이후의 인사는 어쩔 도리 없이 줄줄이 똑같은 형태로 나아갈 수밖에 없다. 주머니 속 카드에 새로운 카드를 보태야 하는데도, 한번 붙은 관성은 쉽게 떨어지지 않는다. 인재가 없는 시대는 없다. 다만 인재를 분별해 내는 혜안과 통찰력이 부족한 지도자가 있을 뿐이다. 집권 후반기로 갈수록, 그의 눈엔 의심스러운 사람들이 점점 더 많아진다. 그의 귀로는 지도자의 무능이니 부패니 하는 민중의 쑥덕거림이 환청으로 들린다. 점점 더 마음을 닫고, 독선과 아집의 강도는 세어진다. 그러다가 레임덕에 빠져버리면, 연거푸 대국민 사과를 위해 마이크 앞에 서야 하는 신세를 벗어나지 못한다.


감히 말하건대, 박근혜 정권은 아버지 때의 구 인물들을 돌려쓰다가 망했다. 과거 노무현 청와대 민정수석과 비서실장 시절 인연

맺은 이들을 돌려쓰고 있는 문재인 정부가 앞선 정권의 과오를 되풀이하여 낭패를 당하지 않기 위해서는, 비록 늦었지만 과감하니 현재의 인사방식에 메스를 들이대야 할 것이다.

# 지지도의 함정
### -이벤트성 보여주기식 정치의 폐해

정치가와 정치꾼의 구별과 관련한 잣대 중 하나로, 이런 것이 회자된다. 다음 세대를 위한 정치를 하는 이가 정치가요, 다음 선거에서 당선되기 위한 그것을 하는 자는 정치꾼이라.

제2차 세계대전이 발발한 이후 독일군은 마지노선까지도 돌파하여 프랑스를 괴멸시켰다. 영국과 프랑스 연합군은 덩케르크 철수작전에 들어가, 바다 건너 영국에 갇히고 말았다. 야간을 틈탄 독일군의 지속적인 공습으로 주요 도시들이 불타고 도시기능까지 마비되기에 이르렀다.

처칠을 수반으로 하는 전시내각은 국민들을 결집시키고, 꿋꿋하니 전쟁을 수행해 나갔다. 수상은 의회에서 결연하니, 국민들에게 줄 수 있는 건 피와 땀과 눈물밖에 없다고 연설하였다. 전시내각은 끝내 영국을 지켜냈고, 독일군에 대한 반격의 주도권을 잡아 나갔다. 하지만 전쟁이 마무리되는 단계에 접어들면서 그는 실각했고, 곧바로 애틀리의 노동당 정권이 들어섰다.

재주를 부린 쪽과 돈을 챙긴 이가 다른 꼴이었다. 이런 상황에서도 처칠은 분노하지 않았다. 묵묵하니 때가 오길 기다렸다. 국민은 다시 보수당에 대한 지지로 돌아섰고, 노정객은 수상의 권좌로 복귀할 수 있었다. 그는 결코 일회일비하지 않았고, 다음 세대와 먼 장래를 내다보는 통 큰 정치를 보여주었다. 유머와 위트를 즐겼으되, 쇼맨십에 빠져들지는 않았다.

프랑스에서는, 방어선이 연이어 무너지고 짧은 기간에 국토의 심장부 깊숙이까지 돌파당했다. 친 나치의 비시정권이 들어섰다. 드골 장군은 영국에 망명정부를 세우곤, 독일에 대한 결사항전을 독려하였다. 온갖 시련과 고난을 겪은 끝에, 그는 휘하 병력을 이끌고 파리에 입성할 수 있었다. 국가를 구한 영웅이었으나, 전쟁이 끝난 후 그 또한 국민의 부름이 있기를 기다려야 했다. 투정이나 불평도, 그렇다고 조급함이나 서두름도 없었다. 칩거상태에서의 묵묵함의 연속이 있을 뿐이었다.

마침내 영웅에게 때가 왔고, 국민은 국가의 이름으로 그를 정치의 세계로 불러냈다. 오로지 프랑스의 번영을 위해, 노장군은 불철주야 대통령직을 수행해 나갔다. 사심은 추호도 없었으며, 쇼맨십을 보여주지도 않았다. 직무수행의 기준 또한 인기도 내지 지지

율이 결코 아니었다. 시종, 프랑스의 영광과 국민의 행복이었다. 과연, 드골은 참군인이자 참정치인이었다.

철의 여인이라 호칭되던 마거릿 대처 역시, 영국 수상 재임기간 내내 소신과 뚝심으로 내각을 이끌어나갔다. 집권 초기 고질병이었던 탄광노조의 잦은 파업과 그로 인한 경제적 타격을 해소하기 위해, 과감하니 노조에 맞섰다. 이전의 어느 정부 어느 수상도 해내지 못한 강경책이었다. 이에 노조 또한 장기간에 걸친 파업과 동맹파업으로 치고 나왔으나, 수상은 끝내 노조를 굴복시켰다. 장기파업에 따른 생활고 앞에서, 강경일변도의 노조지도부도 결국 백기투항할 수밖에 없었던 것이다. 그녀는 국제정치와 관련해서도, 미국의 레이건 대통령과 손잡고는 연방해체 전의 구소련 공산주의 체제에 대해 강경책으로 맞섰다.

그리고 이른바 봉쇄정책을 펼쳐나갔고, 수상의 의도는 거지반 뜻대로 실현되었다. 인기에 연연해하지 않는, 소신과 용기와 집념의 정치가 그녀를 세계정치 질서를 주름잡는 대정치가의 반열로 끌어올렸다. 여걸에게는 어느 날부턴가 '철의 여인'이라는 닉네임이 따라붙었다. 그녀의 구소련에 대한 압박과 봉쇄는 그 후 소비에트 연방의 붕괴와 해체, 동구 공산권 국가들의 독립과 민주화의 기폭제로 작용하기도 했다.

그녀는 짧지 않았던 집권기간 내내 지지도의 함정에 빠지지 않았다. 결정된 정책의 집행에 있어서는 단호하면서도 명쾌했다. 개인적 인기를 위한 보여주기식 정치와는 더더욱 멀었다. 영국 국민들이여, 그대들에게는 복이 있나니!

대통령이 새로 선출되고 정부가 조각되어 출범할 때마다, 국민들은 대통령과 정부에 대해 큰 기대를 건다. 집권 초반에는 이런저런 정책의 시행으로 국민들의 한껏 부푼 기대감도 거뜬히 충족시킨다. 특히나 전 정권이 부패했거나 아니면 실정으로 임기를 끝낸 경우에는, 새로 들어선 정부가 국민들로부터 높은 인기를 구가하기가 비교적 수월하다. 부패 연루자들을 사법처리하여 척결하고, 전 정권이 창출한 결과를 적폐로 몰아 분쇄하거나 무효화하기만 하면 된다. 하지만 세상만사가 그리 호락호락하지만은 않다. 국민들의 안목 또한 녹록지 않다.

새로이 집권한 세력 역시 정책 수행 과정에서 하나둘 실책을 저지르게 되고, 국가적으로 중차대한 시점에서 허방에 빠지기도 한다. 급기야 대통령에 대한 지지도가 하락세로 돌아선다. 이 같은 추세는 역대 어느 정권이나 마찬가지였다. 하지만 현실을 받아들이려 하지 않는다. 지지도를 끌어올리기 위해 갖은 꾀를 낸다. 때로는 상징조작 수법까지 동원된다. 과거 독재정권 때는 툭하면 간첩침투요, 자생간첩단 일망타진이었다. 그 이후 정권들은 일본정치인 망언규탄에 독도수호요, 친일 잔재 청산을 심심하면 들고나온다.

단기간에 대통령의 지지도를 끌어올리기에, 이벤트성 보여주기식 정치만큼 만만한 게 없다. 민정시찰은 암행에 가까울수록, 여러 사람에게 공히 좋고 또 편하다. 시장의 어느 가게에 들러 무슨 무슨 물건을 사고 나와선, 또 어디 어디를 거치고……. 사전에 시나리오가 다 짜여지고, 마치 배우들이 카메라 앞에서 연기하듯 각본에 맞춰 일사천리로 진행된다. 방송국은 완벽하게 연출된 장면을 반복하여 틀어주며, 대통령이 시장에 들러 이런저런 물건을 사가며 상인들과 격의 없는 대화를 나눴다고 멘트한다. 대통령이 직접 민심을 살폈다는 이유 하나만으로도 인기가 반짝 올라간다. 이런 행태에 재미가 붙어버리면, 이벤트 정치에의 유혹을 쉽게 뿌리치지 못하게 된다. 이 같은 보여주기식 정치는 떨어진 인기를 잠시 끌어올려 줄 수는 있겠지만, 너무 자주 반복되다 보면 현실이 호도됨은 물론 자칫 정책의 일관성까지 잃기 십상이다.

대통령은 상인도, 연예인도 아니다. 국가의 안위와 국민의 생명과 재산을 유지하고 또 보전해야 할 중차대한 사명과 임무를 부여받은 존재다. 장사꾼이라면, 보다 많은 물건을 팔기 위해 이벤트 행사에 치중할 수도 있다. 연예인이라면, 얼마든지 인기에 목맬 수 있다. 그 바닥에서는 인기가 곧 돈이니까.

일국의 대통령이라면, 임기 말 레임덕은 피해갈 수 없는 숙명이라는 사실을 순순히 받아들일 줄 알아야 한다. 본인이 거부한다고 해서 레임덕을 면할 수 있는 것도 아니다. 현실을 현실로 받아들이지 않을 때 사달이 나게 마련이다. 국가지도자의 경우라면 사달의 크기 역시 만만치 않을 것이고, 그로 인한 여파는 엄청날 수도 있다.

잔여임기만이라도, 다음 세대들을 위해 오늘 내가 해줄 수 있는 일이 무엇인가를 염두에 두고 직무에 임하여야 할 것이다. 그리고 결코 지지도 따위에 연연해하지 말 것이며, 이벤트성 보여주기식 정치는 당장 집어치워야 할 것이다. 곁에서 이를 부추기는 자들은 마땅히 단박에 내쳐야 할 것이다.

# 국무회의와
## 수석·보좌관 회의의 운용실태

우리의 유학생, 특히 미국대학에 유학한 학생들은 학교 수업방식에 꽤나 애를 먹는다고 한다. 대부분의 과목이 토론방식으로 진행되기 때문이다. 학생들은 각자의 의견과 주장을 피력하여야 하고, 견해가 대립되는 경우에는 열띤 토론을 벌여나가야 한다. 교수가 강의를 해나가는 방식으로 수업을 진행하는 경우에도, 학생들을 향한 질문공세가 불쑥불쑥 수시로 튀어나온다. 초등학교 시절부터 줄곧 주입식 교육에 인이 박힌 유학생 입장에서는, 익숙할 수도 없을 뿐 아니라 불편하고 또 수업참가에 상당한 심리적 부담으로까지 작용한다.

한국에서야 하루종일 입 벙긋하지 않더라도, 수업 전부를 얼마든지 소화해낼 수 있다. 선생이 말하는 것을 듣고 칠판에 적은 것을 노트에 받아 적기만 하면, 웬만한 과목의 수업은 적당하니 마무리된다. 대학에서의 수업에서조차도, 학생은 늘 소극적이고 수동적인 자세로 일관한다.

수업시간 말미에 질문의 기회를 주어도, 선뜻 질문에 나서는 학생이 없다. 최근에 이르러 수업진행방식이 많이 바뀌고, 심지어 영어를 비롯한 원어사용 방식에 의한 과목도 늘어났다고는 하나, 막상 교육현장에서의 실제현황을 알고 나면 실망이 앞선다고 한다.

이 같은 교육환경과 풍토하에서 청소년시절을 보낸 이들은, 사회에 진출해서도 웬만해선 남들 앞에 나서려 하지 않는다. 사석에서는 별로 의미도 없어 보이는 말들을 쉴 새 없이 쏟아내는 이도, 공식적인 자리에서는 잔뜩 주눅이 들기가 다반사다. 어쩌다 발언을 해도 계속 버벅거리며 몸을 외로 꼬아댄다.

남이 써 준 내용이 타이핑된 A4용지를 손에 쥐지 않고는 말을 이어가지 못하는 경우도 왕왕 보인다. 기존의 교육방식을 크게 손보지 않고는, 단기간 내에 이 같은 현실에서 탈피할 수는 없을 것으로 보인다. 모름지기 교육은 나라의 백년대계라고 하는데, 바로 그 교육이 인재양성은 물론이고 국가발전에도 걸림돌이 된다니, 가히 딱한 노릇이다.

국무위원들로서 국무회의를 구성하고, 대통령이 의장으로서 회의를 주재한다. 국무회의에서는 국정의 주요 현안을 안건으로 상정하여 의결하며, 국무위원들은 상호 대등한 자격에서 발언권과 의결권을 갖는다. 시대적인 상황이나 정권의 통치패턴에 따라 그때그때 약간의 변동이 있기는 하나, 한 달에 두 번씩 국무회의가 개최되는 것이 통상적인 예인 것 같다. 대통령이 직접 주재하는 것이 원칙이나, 실제로는 대통령을 대신하여 총리가 주관하는 경우도 상당한 비중을 차지하고 있다.

어찌 됐든, 국무회의는 회의체이자 심의기관임이 분명하다. 주요 국정현안을 비롯하여 안건으로 상정된 사항들과 관련하여, 몇몇 처리방안 내지 대안 중 과연 어떤 것을 채택하여 해결방안으로 삼을지를 확정하여야 할 것이다. 의결에 이르기 위해서는, 우선 각 방안별 장단점이 비교되어야 할 것이고, 또 국무위원들의 소속 부처 입장의 차이에 따른 찬반의견이 맞서기 마련일 것이다. 당연히 열띤 토론과 논쟁이 뒤따를 것이요, 경우에 따라서는 국무위원들 간에 얼굴을 붉혀가면서 난상토론에 휩싸이는 장면에까지 나아가기도 할 것이다.

이와 같은 방식과 패턴으로 진행되는 것이 국무회의 본래의 진면목이다.

그렇다면 실제의 모습은 어떠한가?

국무위원들의 대등한 발언권과 의결권에 부합하듯, 정권에 따라서는 원형 형태로 테이블들을 빙 둘러 이어붙여 국무위원들의 자리를 배열하기도 한다.

그건 그렇다 치고, 과연 국무회의가 활성화된 토론방식에 의해 제대로 운용되고는 있는가? 유감스럽겠지만, 어림도 없다. 택도 없다는 표현이 더 정확한지 모르겠다.

국무회의 장면을 한번 들여다보기로 하자.

우선 국무회의석을 차지하고 앉은 국무위원들의 얼굴이 경직된 표정 일색이다. 대통령은 굳어진 얼굴로 A4용지에 적힌 내용들을 읽어 내려간다. 내용도 많아 보이고, 이런저런 지시와 훈시를 소화해 내는 데 시간도 걸린다. 참석자들은 그 시간을, 고개를 숙인 채 수첩에 말씀을 받아적는데로 밀어 넣는다. 시종 긴장과 하명과 받아쓰기만 있지, 끝내 웃음과 유머와 토론의 공간은 보이지 않는다.

심의절차와 과정도 지극히 형식적이다. 대부분의 안건이, 국무위원들의 침묵 속에 상정된 원안대로 가결된다. 의사봉 때리는 소리만 연이어 너른 공간을 퍼져나간다. 하기야 토론도 없이 가결된 안건에 기한 정책집행에 문제가 생겼다는 뒷공론도 없는 걸 보면, 한편 희한하고 다른 한편 신기하기 짝이 없다.

문재인 정부 초기에, 청와대 수석급 비서에 대통령까지 더해져, 경내 잔디밭 길을 산책하는 장면이 신문과 텔레비전 화면을 장식한 적이 있다. 그들은 양복 상의도 벗고, 긴팔 와이셔츠의 소매도 접어 올린 차림이었다. 각자의 손에는 커피가 담긴 텀블러가 쥐어져 있었다. 하지만 그 이후 더 이상 이 같은 여유 있고 다감한 장면을 접할 수 없었던 것으로 보아, 보여주기 위한 의도에서 연출된 이벤트로밖에는 보아줄 수가 없겠다.

청와대 참모들을 데리고 갖는 수석·보좌관 회의는, 대통령의 입장에서는 국무회의보다는 부담이 한결 덜할 것이다. 매일 만나고 또 수시로 맞대면하는 휘하 가족들이기 때문이다. 국무회의보다는 상대적으로 비공식적인 회의체인지라, 표면상으로는 분위기가 한결 자유롭고 분방할 것 같기도 하다. 위트와 유머가 넘치고 참모들 간에 수시로 벌어지는 난상토론도 기대해 볼 만하다. 하지만 청와대 밖으로 전송되는 화면상으로는, 무거운 분위기로 시종하는 국무회의의 모습과 크게 달라 보이지 않는다. 집주인이 과묵한 분이라서 그런 걸까?

대한민국 국민들은 긴 세월 동안 유교의 영향을 지대하게 받아왔고, 가족들은 여태도 가장의 권위에 눌려 웃어른을 어려워하기 마련이다. 대통령은 의도적으로라도 국무회의나 수석·보좌관 회의 말씀 서두에, 조크 한두 개 정도 던짐으로써 참석자들의 웃음부터 끌어내야 할 것이다. 그 순간 모두의 얼굴이 확 펴질 것이고, 회의는 화기애애한 분위기 속에서 부드럽게 흐를 것이다. 이 틈에

아부성 발언으로 은근슬쩍 끼어들거나 주책없이 까불대고 나오
는 자만 주의하고 경계하면 된다.

# 5년짜리 정권이 국가정책의 근본 틀을
# 바꿀 수 있는가?

과공은 비례요, 과유불급이라 했다. 능력은 있되 의욕이 없다면, 매사 추진력이나 동력이 있을 리 없다. 당연히 일의 완성이나 성공은 기대할 수 없다. 반면에 의욕은 넘쳐나는데도 능력 자체가 아예 없거나 그 수준이 떨어진다면, 볼 것도 없이 일은 중간에 꼬이고 또 막혀버릴 것이다.

한편 젊은이나 초보자에겐 하고자 하는 의욕과 용기, 그리고 패기가 요구된다. 청년에게 그것조차도 없다면 청춘은 한낱 탁상 위 장식품에 불과할 것이기 때문이다. 한 살 두 살 나이를 먹어갈수록 비록 사납고 드센 기운은 한 겹 두 겹 쭈그러들고 꺾여질지라도, 세상을 보는 지혜와 일을 처리하는 역량은 점점 더 커지게 마련이다. 그렇다고 그것들이 마냥 경계도 없이 확장되지는 않는다.

우선 개인별 능력의 차이와 한계를 염두에 두어야 한다. 살아가는 시대와 숨 쉬는 생활환경의 규범과 조건 또한 능력의 발휘에 대한 제약요소로 작용한다.

아버지와 할아버지로부터 물려받은 유전자와 소질이 오늘 이 땅 위에서 숨 쉬고 있는 나를 탄생시켰다. 내가 의욕이 넘쳐 한껏 욕심을 부린다고 하여 나의 뿌리를 없애거나 부정할 수는 없다. 원형을 유지한 채 대대로 이어져 온 유전자를 변형시켜버릴 수도 없거니와, 면면히 계승되어 온 가풍을 어느 날 느닷없이 통째로 싹 바꿔버릴 수는 없을 것이다. 설령 그것이 가능하다손 치더라도, 후레자식이니 천하의 쌍놈이니 하는 세상 사람들의 비난을 각오하여야 할 것이다. 유전자를 잘 보존하고 고유의 가풍을 잘 유지 간수하여 후손들에게 물려줄 막중한 책임이 양어깨에 얹혀져 있는 것이다.

한 가문의 종손이나 가장이 괜스레 의욕만 넘쳐 이일 저일 잔뜩 벌려만 놓고는, 뒷수습을 감당하지 못하는 경우를 생각해 보자. 후손들의 삶이 불안해지고, 그나마 지금까지 이어져 내려온 가문의 명예와 전통이 손상을 입을 가능성이 농후해진다. 한번 기운 가세를 다시 일으켜 세움이 만만치도 않거니와, 이에 소요되는 시간과 노력도 결코 무시할 수 없는 수준이다. 후손들 여럿이 여러모로 괴롭고 힘들게 된다. 한 가문의 경우도 이러할진대, 하물며 한 나라의 경우에야 더 말해 무엇하리오.

대한민국은 민주공화국이다. 자유민주주의와 자본주의를 토대로 제정된 헌법 규범이 정하는 범주 내에서 통치가 이루어져야 함은 지극히 당연하다. 그렇다면 헌법에 근거하지 않는 국가기관을 새로이 설치하거나, 헌법기관이 가지는 고유권한을 이렇다 할 근거나 명분도 없이 어느 날 갑자기 법률로써 삭제 또는 제한하는 등 임의로 처리하는 것이 과연 가능하겠는가 하는 문제가 대두된다. 이 땅에서 대한민국의 독립이 성취되어, 헌법이 제정되고 제1공화국 정부가 수립된 지도 어언 70여 년의 세월이 흘렀다.

국회와 법원도 그러하거니와, 검찰 역시 헌법상 근거를 가지고 설치된 국가기관이다. 범죄에 관한 수사와 기소, 그리고 공소유지를 담당한다. 아울러 경찰을 비롯한 타 수사기관들에 대한 수사지휘권도 갖고 있다. 검찰은 공소제기권을 행사하는 법률상 유일한 수사기관이다. 영미법계 국가냐 대륙법계 국가냐에 따라 다소의 차이가 있긴 하나, 공소권에 관한 한 양쪽 공히 전적으로 검찰에게 그 권한행사를 맡기고 있다.

최근에 이르러 고위공직자범죄수사처의 설치를 위한 시도가, 이런저런 논란에도 불구하고 급물살을 탔다. 여야 간의 대립과 논쟁이란 진통의 와중에 관련법의 제정과 개정을 거쳐, 조직체계의 구색을 갖춰선 정식으로 출범하였다. 이 기관에 대하여 야당은 물론 일반 국민들도 상당한 의구심을 갖고 있다. 검사·판사들에 대한 수사·기소권은 물론이고, 검찰이 현재 수사 중인 사안에 대해서도 별다른 제한 없이 이첩을 요구할 수 있으며, 넘겨받은 사건의 기소여부 결정 권한도 전적으로 공수처에게 주어져 있다는 사실이 의구심을 불러일으키는 시발점이다.

그런 이유로 야당은, 공수처의 활용으로 대통령과 집권여당은 자신들에게 불리한 사안에 관한 검찰수사를 원천적으로 차단할 수 있다면서 맹비난하고 있다. 법률상 공수처의 사건이첩요구에 대해 검찰은 이를 거부할 수 없음을 원칙으로 삼고 있다. 국가 소추기관인 검찰 이외에 별도의 특별소추기관을 두고 있는 국가는 중국밖에 없는 것으로 보인다. 어떠한 국가기관도 헌법에 근거하지 않고 다른 국가기관에 대하여 일방적 우위를 가지거나, 헌법과 법률에 근거하여 다른 국가기관에 귀속된 기능의 핵심적 영역을 침해해서는 안 된다는 권력분립원칙에 따른 헌법적 기준과 한계가 도출된다 할 것이다. 5년 임기의 대통령이 70년 이상 유지되어 온 헌법체계를 손보는 모험이란, 아무래도 위태해 보인다.

고리1호기로부터 시작된 이 땅의 원자력 발전사는 상당한 진척을 이뤄냈다. 날로 증가해가는 전력수요의 상당 부분을 원자력 발전이 감당해내고 있다. 발전소의 건설과 설비유지 가동에 관련된 기술과 노하우도 세계적인 수준에 이르러, 급기야 해외수출의 길까지 열었다. 국산기술로 건설된 아랍에미리트 바카라 원전은 이미 본격적인 상업생산에 들어가 있다.

원자력 발전소의 건설과 운용기술을 세계가 알아주는 수준에 막 도달할 즈음, 새로이 들어선 정권은 원자력 관련 정책에 있어서 기존의 정권들과는 정반대의 입장을 선언하였다. 그리고는 노후원전의 폐쇄 및 신규원전의 건설 중단 등 원자력 발전 폐지 정책을 일사천리로 밀어붙였다. 당연히 무리가 따랐다. 이들 발전소의 폐쇄 및 건설 중단으로 공백이 생기는 수요전력을, 풍력이나 태양열 발전으로 얻어지는 전기로 충당하여 해결하겠다고 천명한다.

　전국에 걸쳐 산과 들이 마구 파헤쳐졌으며, 건물 옥상이나 심지어는 아파트 베란다 창틀까지도 태양열 전지판이 매달렸다. 설치업체 선정과 관련한 이런저런 비리가 드러나고, 꿀꺽 해먹은 규모가 크다 보니 여기저기에서 구린내가 진동한다. 국내에서 안정화 단계에 들어섰던 원자력 발전 관련 산업이 느닷없는 날벼락을 맞고는, 모조리 도산의 길로 들어선 사실이 안타깝고 또 아깝다. 그간 땀 흘려 쌓아온 노하우는 제대로 써먹지도 못한 채 고스란히 사장되게 생겼다.

　북경에서의 나비의 날갯짓이 태평양 건너 샌프란시스코에 도달하여선 태풍이 된다더니!
　천성산 터널 예정지 늪 속 도롱뇽이 터널의 완공을 지연시키고, 그로 인해 KTX의 운행 또한 몇 년이나 미뤄졌음을 익히 보았었다. 들은 바로는, 원자력 발전소의 폭발과 관련한 영화 한편에 감동하여 눈물까지 흘린 분이 대통령이 되었다. 그의 공약집에 실려 있는 원자력 발전소의 폐쇄 및 신규원전 공사 중단이 착착 정책이행의 방편으로 실행되고 있음을, 우리들은 직접 눈으로 확인해 가고 있다.

대통령의 이 같은 강공책은 시설 노후화로 인한 사고발생의 상존성, 사고 발생 시 대량인명 살상으로 연결될 수 있다는 치명성, 광범위한 지역의 방사능 오염으로 인한 국토의 불모화 가능성 등을 주된 이유로 하여 밀어 붙여졌다. 물론 실제로 우크라이나의 체르노빌 원전과 일본국 후쿠시마 원전 폭발사고는, 그 피해의 잔혹함과 피해규모의 방대함을 생생하니 보여주고 있다.

그럼에도 불구하고 세계 주요국들은 수백기의 원전을 가동하고 있으며, 속속 새로운 원전을 건설하고 있거나 또는 조만간 건설에 착수할 계획을 갖고 있다. 현재로써는, 환경오염 없이 싼 가격에 대량으로 전력을 생산할 수 있는 최상의 수단이기 때문이다.

최근에 건설되고 있는 원전들의 안전성은 탁월하기 그지없다. 원전은 이미 가동 초창기부터 자체적으로 3중·4중의 안전장치를 갖추고 있기도 하다. 내가 알기로는 체르노빌의 경우 조종과정에서의 운용요원의 연이은 실수가, 후쿠시마의 경우에는 강진과 그로 인한 해일의 충격이 폭발사고의 원인이었다.

중국은 동쪽 해안을 따라 남북으로 길게 늘어진 형태로 대부분의 원자력 발전소를 건설하였다. 특히 산둥반도에 원전이 집중되어 있다. 예로부터 그곳 동네 닭이 울면, 우리 땅 당진에서도 이를 들을 수 있다고 하지 않았나. 산둥반도와 우리 땅 사이는 지척이다. 우리가 가동 중인 원전을 모두 스톱시켜 폐쇄해 버린다 한들, 산둥반도에서 가동 중인 원전 단 1기에서라도 폭발사고가 난다고 가정해 보자.

바람은 일 년 중 대부분의 기간 중국 쪽에서 이쪽으로 불어댄다. 방사능 낙진이 어디로 가겠는가. 체르노빌 원전은 우크라이나 영토에 위치해 있으나, 폭발로 인한 인적·물적 피해의 대부분을 인접국 벨라루스가 입었다. 바람의 방향이 벨라루스를 슬픈 운명에 빠지게 했다. 사고 당시 벨라루스에는, 보유하고 있는 원자력 발전소가 아예 없었다.


이쪽이나 저쪽에서의 원전사고가 아니더라도, 원전 폐쇄 정책의 외길을 마냥 고집하였다가 셧다운을 비롯한 심각한 전력공급상의 차질을 빚어 낭패에 빠진다면, 누가 어떻게 책임질 것이며, 또 어떤 방법으로 국가적 차원의 위기를 해결해낼 것인가? 그럴 만한 의지와 능력은 있는가? 선박 침몰사고와 비행기 추락사고가 종종 일어난다는 이유만으로, 그대들은 아예 배와 비행기를 타지 않을 작정인가? 한 걸음 더 나아가, 위험하기 짝이 없는 세상의 모든 배와 비행기들을 모조리 파괴해 버릴 터인가?

결론컨대, 장기적인 안목에서 추진되는 국가 중요 정책을 5년짜리 정권이 함부로 손댈 것은 결코 아닐지어다.

# 폴리페서들의
## 역할과 실제

그리스 철학자 플라톤은 인간 내면을 넘어서서, 사회와 정치에 대해서도 관심을 보였다. 정치체제에 대해서도 언급하였다. 군주 정과 귀족정, 그리고 민주정을 무대에 올려놓고는 나름 장단점을 설하였다. 자칫 군주정은 참주정, 귀족정은 과두정, 민주정은 중 우정으로 전락할 가능성이 다분하다며 주의를 상기시켰다.

그렇다면 좋은 정치를 펼쳐나가기 위해서는, 과연 어떤 부류의 인물들이 최고위 통치세력이 되어야만 하는가? 플라톤이 나름 내 린 결론은, 철학자였다. 이름하여 '철인정치.'

세상 만물의 운용원리와 법칙에 능통한 자가 다스리는 국가만 이 정치의 이상향에 도달할 수 있다는 주장이다. 본인을 정치가로 기용해 달라는 청탁성(?) 주장이라는 오해를 불러일으킬 소지 또 한 다분하다. 하기야 공자도 천하를 주유하며 스스로의 박식과

유능을 설한 바 있다. 왕들을 대면하여 정치와 정세를 논한 이유의 궁극점은 한마디로 '나를 써달라.'

전시와 평시를 불문하고, 일국을 통치해나가기 위해서는 수장을 보좌할 인물이 필요하다. 국가위기를 돌파해 나가거나 새로운 왕조를 창업할 묘책은, 이른바 군사(軍師)나 책사(策士)의 머리에서 나온다. 수성기에 들어선 왕조의 번창 또한 유학자의 기용이 키포인트였다. 앞의 경우에 해당하는 인물이 유방 휘하의 장량과, 유비의 삼고초려 끝에 출사한 제갈량이다. 뒤의 대표적인 예로는 한 무제 때의 동중서와, 당 태종 치세 시의 위징을 들 수 있겠다.

이들 인물들의 공통점이랄까 특성으로서는, 우선 나 알아달라고 세상에 자신의 이름을 팔지 않았다는 점이다. 그저 자연 속에 은거해 가면서 학문과 덕망을 닦아나갔다. 그들의 탁월과 혜안은, 산속에 들어앉아서도 세상 만물의 이치와 운용실태를 꿰뚫어 볼 수 있었다. 고사관수(高士觀水)의 은일에 빠져있어도 소문은 나게 마련이고, 마침 위정자의 귀도 활짝 열려 있었다. 거듭된 초빙과 사양 끝에 그들은 산문 바깥으로 불려 나왔고, 결과는 대성공이었다. 그들로 인해 제왕은 위대한 업적을 역사에 기록할 수 있었으며, 초야의 선비 또한 출사하여 후세에 이름을 남겼다.

고려가 망하고, 신진사대부 세력이자 혁명주도세력인 정도전 일파가 무장 이성계를 내세워 새 왕조를 개창하였다. 쿠데타를 분식하기 위해 그들은 '역성혁명' 논리를 전파하였다. 하지만 어느 시대에나, 나라는 망해도 충신은 있는 법. 조선왕조에 대한 충성을 거부한 일군의 유신들과 선비들이 두문동으로 들어가는 등, 세상을 등지고 숨어버렸다. 그들은 지조뿐만 아니라 능력 면에서도 인정받는 이들이었다. 창업 초기 인재들을 필요로 했던 조정은 그들을 기용하기 위해 갖은 애를 써 봤으나, 결과는 요지부동. 한마디로 두문불출.

세상이 바뀌고, 또 세월도 흐르는 물 따라 하염없이 흘러갔다. 두문동 계류에 떨어진 꽃잎 흘러내리길 몇 번이던가? 선비 몇이 출사했다. 그들의 능력을 그대로 썩히기 아까운 나머지, 유신 무리가 쥐어짠 처방이었다는 풍설이 있다. 그때 세상 밖으로 나와 조선조정의 벼슬을 받은 이가, 다른 사람 아닌 황희와 맹사성이다.

이들은 태종대를 거쳐 세종조에 이르러, 출중한 능력을 십분 발휘하면서 조정을 이끌어갔다. 3정승 자리를 두루 섭렵한 황희와 우의정·좌의정으로 임금을 보필한 고불. 그들에게는 더 이상 오를 만한 벼슬이 없었다. 부득불(?) 세상 밖으로 불려 나온 유학자들은 세종의 치세에 크게 기여하였고, 개인적으로뿐만 아니라 가문 차원에서도 자자손손 지고의 광영을 누려왔다.

지식인, 더 범위를 좁혀 말한다면 교수는, 공직에의 직접 참여보다는 정부정책에 대한 비판과 대안의 제시 쪽에 몸담는 것이 정도라 할 것이다. 직업의 특성상 분석과 체계화·종합화가 장기이기 때문이다.

경제개발 초기에 박학다식한 경제지식을 몸소 실물경제와 거시경제에 쾌척한 학자들도 있긴 하다. 그들은 장관 또는 부총리로서, 아니면 청와대 경제수석비서관으로서 맹활약했고, 이 나라 경제발전의 견인차 역할을 충실히 수행해 내기도 했다. 이 과정에서 일명 '남덕우 사단' 내지 '서강학파'가 회자되기도 했다. 경제개발과 국가부흥에 집념을 보였던 국가최고지도자가 자연스레 이들을 불러냈던 것이다. 그들은 화답했고, 나름 기대에 부응할 만한 실력을 갖추고 또 준비도 되어 있었다.

통치권자의 입장에서, 교수들은 가끔씩 귀가 솔깃해지는 부류의 집단이다. 정국이 꼬여 뜻대로 풀려나가지 않을 때면 그들에게 의지하고픈 유혹이 배가된다. 고심과 번민 끝에, 노 교수댁 전화기 벨이 울린다. "어려우시겠지만, 이번에 총리를 좀 맡아주십시오." 교수 한 분은 "고마운 말씀이긴 합니다만, 저는 정치는 잘 모르는 사람이니 저보다 더 인품 있는 분을 물색해 보시지요." 거듭된 요청이 따르나, 출사는 끝내 이루어지지 않는다. 그는 학자로서의 고고한 인품과 꼿꼿함을 간직해 나갈 수 있었다.

일제강점기 학병으로 징집되어, 한때 일본군 신분을 유지했던 그다. 장준하가 그랬던 것처럼, 그는 일본군부대를 탈출, 상해임시정부를 걷고 걸어서 찾아 나선 끝에 자랑스런 광복군 대원이 된 경력의 소유자이기도 하다.

다른 한 분이 군사정권하에서 똑같은 출사요청을 받았다. 고심 끝에, 총장님은 총리직을 수락했다. 취임일성이 시원했다. "굽은 것은 펴고, 막힌 데는 뚫겠습니다." 국민들의 큰 기대에도 불구하고 그의 총리직 수행은 길지 않았고, 이렇다 할 업적도 남기지 못했다. 명색이 이 나라 2인자라는 총리 권한의 실제 행사실태에 관하여 조금만 더 주의를 기울였다면, 덥석 그 직을 받지는 않았을 것이다. 본인도 재임 내내, 잘못된 선택이었다는 판단하에 이런저런 회한이 깊었을 것이다.

장관 자리가 흔해빠지고 직함의 무게도 가벼워졌는지, 교수쯤 된다면 너도 나도 장관 자리를 넘본다. 자리를 향한 욕심이랄까 의욕이 지나쳐, 노골적이다. 특정 정치인에게 밀착하고, 정당 쪽을 수시로 기웃거린다. 교수 타이틀만으로는 부족하다 싶은지, 시민단체에 가입하여 이런저런 직함을 갖는다. 언론에 빌붙어 이름과 얼굴을 알리는 건 기본이다. 시민단체 간부나 책임자 출신들이 연이어 국회의원 뱃지를 달거나 정부요직에 기용되는 추세의 흐름을 타보겠다는 의도다.

교수로서 비판자 본연의 입장은 팽개치고, 시종 권력자의 편에 서만 세상을 보고 평한다. 권력의 하수인 역할도 불사한다. 현실과 동떨어진 자료와 통계를 수시로 입에 올린다. 이를 지적받아도 계속 뻗대기 일쑤다. 얼굴색 하나 변하지 않는다. 그러면서 궁색한 지경을, '가짜뉴스' 운운해대며 벗어나려 한다. 현재 시점에서 내뱉는 말이 자신의 실제 처신과 맞지도 않고, 또 과거 했던 말과 정반대가 되어 말 그대로 자가당착에 빠지기도 한다.

　교수는 강의와 연구, 그리고 논문으로 말한다. 이 세 가지 모두에 충실하기 위해서는 시간이 절대적으로 부족하다. 연구실 불을 밝혀가며 밤을 새워도 모자랄 판이다. 이런 여건과 환경하에서 언제 정치권을 기웃거리고, 언제 또 시민단체 활동에 가담할 수 있겠는가? 그네들은 과연 교수로서의 실력은 제대로 갖추고나 있는가? 그렇게도 정치 쪽에 미련이 있다면, 당당하니 교수직을 사직하고 제대로 뛰어들어야 할 것이다.

　더 이상 이 땅에서 폴리페서를 용납하지 말아야 한다. 내, 세상 살아오면서 양다리 걸치는 사람 치고 공사 구분 제대로 하는 이 보지 못했다.

# 충신열전,
# 간신열전

상(商)나라의 마지막 왕이 주(紂)왕이다. 향락에 빠진 왕은 신하들의 충정 어린 고언을 듣지 않았다. 왕의 곁에는 천하의 미녀 달기가 있었는데, 가히 경국지색이었다. 조정에는 간신들만 들끓었다. 왕의 비위 맞추기에 혈안이 되었으며, 그 와중에서도 이권은 최대한으로 챙겨갔다.

아무리 말세라지만, 그래도 조정에는 비간과 기자를 비롯한 충신들이 몇이나마 버티고 있었다. 비간의 충언이 다시 나왔다. 분노한 왕은 신하의 염통에 구멍이 몇 개인지 직접 확인하겠다며, 칼로 가슴을 찌르고 심장을 꺼내 들었다. 기자는 겨우 몸을 피해 망명하였다. 주지육림이니 포락지형이니 하는 말들이 다 폭군 주로부터 비롯되었다. 간신들에 둘러싸인 채 향락과 폭정을 일삼은 끝에 나라는 망했고, 주는 자살로써 생을 마감했다. 주(周) 무왕은 죽은 주왕을 꺼내 목을 쳤다.

오나라에는 명장 오자서가 있었다. 오왕 부차는 그의 용맹을 빌어 견원지간인 월나라를 정복할 수 있었다. 오자서는 원래 초나라 사람이었다. 그는 선왕 합려 때부터 오나라의 충신이었다. 월왕 구천으로부터 항복을 받아내 부친의 원수를 갚은 부차는, 점차 향락에 빠지기 시작했다. 오자서의 직언을 번번이 뿌리쳤고, 날이 갈수록 그를 멀리했다. 노장군의 공을 시기한 백비는 왕의 속마음을 간파했다. 그를 모함하여 왕으로 하여금 더욱 멀어지게 했고, 더 나아가 왕을 부추겨 그를 의심하게 했다. 재기를 노리고 있던 월왕 구천의 공작이 더해졌다. 문제의 공작이란, 오자서가 역모를 꾸미고 있다는 헛소문의 유포였다. 안타깝게도 오왕은 적의 음모에 보란 듯이 넘어갔고, 백비는 반역자에 대한 주살을 독촉해댔다. 끝내 오자서는 이간책의 희생양이 되어 자결하기에 이르렀고, 백비는 오자서가 비운 자리까지 차지해 권력을 오로지했다. 걸림돌을 제거한 월왕 구천은 오나라를 쳤다. 오나라는 망했고, 부차는 치욕을 당하느니 차라리 자살의 길을 택했다. 망한 나라에서는, 간신 백비의 드높았던 권세도 말짱 도루묵이었다.

송나라가 금의 침략을 받아 휘종·흠종이 동시에 포로가 되는 치욕을 당했다. 이렇게 북송은 망했고, 조정이 허겁지겁 남쪽으로 천도하여 현재의 항주에 자리 잡았다. 고종이 왕위를 이었다. 명장 악비는 고군분투하여 금의 남침을 저지함으로써 나라를 보위하였다. 백성들로부터 인심을 얻고, 권위도 점차 높아갔다. 재상 진회가 젊은 악비의 인기가 날로 높아감을 시기했다. 그는 악비와 달리 주화파였다. 침략국 금나라와 내통하여 악비의 제거를 모의하기에 이르렀고, 착착 실행에 옮겨졌다. 왕조에 대한 반란을 획책했다는 누명을 씌우곤, 체포하여 고문했다. 휘하 장수들에게까지도 역모에 가담했다는 혐의를 씌웠다. 결국 조정을 다시 일으켜 세우고 나라와 백성을 위난으로부터 구해낸 명장은 서른아홉의 나이로 처형되었다.

진회가 죽은 후 누명이 풀렸으며, 구국의 영웅으로 인정받아 악왕묘에 배향, 추존되었다. 악비묘소 입구에, 양손이 뒤로 묶이고 무릎까지 꿇린 자세를 취하고 있는 진회의 동상이 자리 잡고 있다. 악비묘를 찾는 참배객들은 들어가고 또 나오면서 손바닥으로 냅다 진회의 따귀를 친다고 한다. 그로서는 이 정도의 수모쯤은 감수해야 마땅한 것으로 보인다.


백제의 의자왕은 청년왕으로서, 왕위에 오른 초반기에는 나름 선정을 펼쳤다. 하지만 그도 경국단계에 접어든 나라의 왕들이 밟았던 길로 들어섰다. 향락에 빠져 정사를 제대로 돌보지 않았다. 간신들이 활보하기에 딱 좋은 여건이 만들어진 것이다. 하지만 백제에도 충신은 있었다. 성충과 흥수. 왕에게 직언하고 읍소하였으나, 왕은 경청은커녕 버럭 화부터 냈다. 그 다음부터는 대면 자체를 거부했다. 직언과 고언이 계속되자, 왕은 이들을 투옥하거나 유배 보내는 방법으로 맞섰다.

나당연합군에 의해 사비성이 포위되어 함락 직전에 이르러서야, 왕은 정신을 차렸다. 성충의 옥중상소에는 적군 침략 시의 군사적인 대응전략까지도 제시되어 있었지만, 이미 때는 늦었다. 무장 계백이 비장하니 5천 결사대를 이끌고 신라군을 막아보려 애를 써봤으나, 끝내 방어선이 무너져 군사들과 함께 최후를 마쳤다.


고려조 말기, 신진사대부들은 왕권을 부정하고 나왔다. 위화도 회군으로 기세가 오른 그들은 조정의 대들보인 최영 장군부터 제거했다. 왕이 요승 신돈의 씨라며 왕을 멋대로 교체했다. 조정요직을 패거리들이 독차지했다. 공공연히 왕조의 교체를 거론하고 나왔다. 이른바 '역성혁명론'이 되겠다. 이번에도, 다 쓰러져가는 허울뿐인 조정에 충신이 있었다. 정몽주. 혁명세력은 그를 포섭하기 위해 갖은 애를 썼다. 어르기도 하고, 협박하기도 하고……. 고분고분하지 않자, 은근히 살해위협까지 하고 나왔다.

이방원의 입장에서도 그의 인품과 능력이 탐났다. 그냥 버리기에는 너무 아까운 인물이었다. 직접 나서선, 회유와 설득을 시도했다. 그의 의중이 '이런들 어떠하리 저런들 어떠하리'로 시작되는 「하여가」에 압축되어 있다. 정몽주는 신진사대부로서 개혁에는 어느 정도 공감하는 입장이긴 하였으나, 조정신하의 입장에서 왕조를 뒤집어엎는 일만큼은 추호도 용납할 수 없었다.

그의 착잡한 심사가 '이 몸이 죽고 죽어 일백 번 고쳐 죽어'로 풀어지는 「단심가」에 오롯이 박혀 있다. 충신은 선죽교 말 잔등 위에 앉은 상태에서, 이방원의 사주를 받은 자들의 철퇴에 스러져갔다.

훗날 신권론의 대부 정도전을 제거한 태종 이방원은, 정몽주를 복권시켜 추증하고는 만고충신으로 받들어 모시게 했다. 이 장면 또한 역사의 아이러니다.

시대가 변하고, 또 통치체제가 왕정에서 공화정으로 바뀌었다. 하지만 현재도 예나 다름없이, 최고권력자는 달콤한 아부성의 말들을 좋아한다. 직언이나 충고성 말들 앞에서는 붉으락푸르락 한 얼굴 꼴을 내보이고, 또 냅다 화를 내지르거나 버럭 역정을 내기도 한다. 살벌하기 그지없었던 제5공화국 초창기, 대통령 형제들의 이권개입 등 발호가 현안으로 대두되었다.

청와대 수석비서관 자리에 허삼수와 허화평이 있었다. 이들은 전 대통령과 군시절부터 끈끈한 인연을 맺어왔을 뿐 아니라, 12·12군 사반란에도 동참해 나름 주도적인 역할을 해낸 이들이었다. 이들은 비서실 내에서 민정 내지 사정파트를 책임지고 있었다. 이들은 직책상 대통령 형제들의 월권을 용납할 수 없었고, 그 연장선상에서 대통령에게 직보하였다. 단호한 조치와 아울러 재발방지책과 관련한 하명을 기대했으나, 대통령은 시정조치는커녕 오히려 이들을 나무라고 또 질책해댔다. 끝내 이들 참모들에 대한 신임까지 거둬들이자, 둘은 미련 없이 사표를 던졌다. 결국 형제들은 이런저런 사고를 쳤고, 친·인척이 관련된 대형사건들이 잇달아 터져 나왔다.

동서고금을 통하여, 충신은 미움받고 박해받기 마련이다. 시간이 흐른 후에야 비로소 충정을 인정받는다. 그때쯤 국가지도자는 후회막급 상태가 된다. 그러나 이미 때는 늦다. 정치생명에 치명상을 입고는 추락하고 만다. 국가멸망의 경우도 왕왕 생겨난다. 여하튼 양 허씨는 직분에 충실했고, 또 시종 명쾌하고 단호했다. 현대판 충신으로 부족함이 없겠다.

요즘 세상에선 충신 찾아보기가 가히 하늘의 별 따기다. 함량 미달자들이 눈만 높아선, 과분한 권력을 탐하고 있다. 대통령 곁에서 갖은 아양을 떨어댄다. 호가호위는 기본이다. 현대판 세종이니 정조니, 입에 발린 말로써 대통령을 착각의 길로 빠뜨리려 애쓴다. 간신이란 말에, 당사자들은 펄쩍 뛴다. 세상에 간신이 따로 있는 게 아니다. 달콤한 말과 간지러운 말로 현실을 호도하여 국가지도자로 하여금 옳지 않은 길로 빠져들게 하는 부하가, 간신 아니고 또 무엇이랴?

간신의 발호를 막기 위해서, 국가를 책임지는 지도자는 이들을 골라낼 수 있는 지혜와 안목을 가지고 있어야 한다. 초의 어린 장왕이 왕위에 등극하여, 무려 3년 동안 거짓으로 주지육림에 빠져지내며 간신과 충신을 분별해 내지 않았던가. 간신들에 대한 일망타진(?) 후, 장왕은 추호의 망설임도 없이 곧장 부국강병의 길로 달려 나갔다. 단호하고 또 명쾌했다.

# 줄줄이 남북정상회담에
# 연연해하는 까닭은?

8·15해방 이후 남과 북에, 각각 이념과 체제를 달리하는 별개의 정부가 수립되었다. 6·25전쟁 이후 극심한 이념대립의 시기를 거쳤다. 1950년대 후반기는 남북 공히 전쟁피해 복구기였고, 1960년대에 접어들어 비로소 경제개발 내지 국가도약을 추진하면서 남북경쟁시대가 본격적으로 열렸다.

1972년 하반기에 남북이 약속이나 한 듯이, 독재체제를 공고화하는 비상조치가 일사천리로 취해졌다. 전면적인 헌법 개정에 이어 남에서는 유신독재체제가, 북에서는 김일성 유일 독재체제가 각 출범하였다.

남북 간에 긴장과 이완이 반복되었고, 그 과정에서 남북 동시 유엔가입이 실현되기에 이르렀다. 이산가족 상봉과 상호 물자교류가 제한적으로나마 성사되기도 했다. 이쪽저쪽으로의 수해물자 지원도 있었다. 김대중 정권에 이르러, 대통령의 평양방문과 금강산 관광사업의 활성화가 있었다. 개성공단의 개설 및 가동도 순조롭게 진행되어 나갔다. 정권을 이어받은 노무현도 대한민국 대통령 자격으로 평양을 방문, 북한 인민들의 열렬한 환영을 받았다. 영부인은 대통령보다도 더 정중한 예우를 받았다.

그 이후 연이어 들어선 보수정권하에서의 냉각기를 거쳐, 문재인정권이 들어서면서 다시금 남북 사이에 대화와 교류의 기운이 숨통을 텄다. 하지만 북의 핵무기 개발과 관련한 국제적인 경제제재 국면에서, 남북 사이의 화기애애함은 브레이크가 걸린 채 주춤하고 있다. 그 사이 대통령 부부는 평양의 수만 군중 앞뿐만 아니라 백두산 정상에도, 북의 김 위원장 부부와 나란히 서는 감격을 누릴 수 있었다.

분단국에서 대화와 교류의 폭을 넓혀가고 또 평화를 정착시키기 위해서는, 우선적으로 일관성과 지속성이 요구된다. 쉬운 사안부터 하나하나 실현해 나가면서, 단계적으로 더 크고 중요한 분야쪽으로 교류를 확대해 나가는 자세가 중요하다. 교류의 원칙과, 큰 틀에서 추진되는 사업은 정권교체에 불문하고 변함이 없어야 한다. 정권에 따라 냉탕 온탕을 왔다갔다하거나 또는 정권의 이해관계를 결부 시켜 잔머리를 굴리는 태도를 취하다 보면, 기존에 쌓아놓은 성과마저도 퇴색하고 또 상호 간에 불신과 의혹의 폭만

넓어져 가게 마련이다.

상호존중과 신뢰, 자유로운 인적·물적 교류를 거쳐 평화 구축과 통일의 단계까지 나아가는 데는 부단한 노력과 인내, 그리고 상당한 시간이 요구된다. 일을 진척 시켜 나가는 과정에서 때로는 오해와 시행착오가 생기고, 또 다른 한편으로는 상호 간에 마찰과 알력이 생겨나기도 함을 충분히 예상하면서 늘 염두에 두어야 할 것이다.

실무급 회담의 반복과 축적을 통해 협상대표의 급을 높여나가는 이른바 상향식 협상법이 더 유익해 보인다. 그럼에도 불구하고 남북 간에 느닷없이 정상회담개최 가능성이니 임박설이니 하는 풍문이 툭툭 튀어나오고, 곧이어 사실로 확인되는 패턴들을 익히 목도한 바 있다. 남북 최고지도자 간에, 당장의 궁박한 지경을 벗어나거나 현재의 불리한 국내정세를 타개해 나가기 위한 수단으로 남북정상회담이 활용되는 것은 아닌지, 의구심이 드는 것 또한 부인할 수 없는 사실이다.

혹시 지도자의 의욕이 도를 넘어 과신 쪽으로 기울거나, 개인적인 욕심이나 정권의 치적을 염두에 둔 결과 나타나는 조급증의 발로는 아닌지도 따져볼 필요가 있다. 현재의 제반여건과 남북 간 제거할 수 없는 제약요인이 엄존하는 상태에서는, 5년 임기의 특정 정권이 주어진 임기 내에 통일은 고사하고 남과 북, 북과 미 사이에 평화협정체결을 성사시키는 것조차도 버거워 보인다.

단지 의욕만으로 현실을 뛰어넘으려 함을, 세상 사람들은 무모함이라 칭한다.

　DJ는 평생의 정치투쟁을 통하여 온갖 시련과 간난을 극복해내고, 마침내 대한민국 대통령의 자리에까지 오를 수 있었다. 이것만으로도 개인적으로는 영광일 터인데, 거기에 더하여 노벨평화상까지 수상하였다. 국제평화와 인권신장에 기여한 인물에게 수여하는 상이다. 본인 스스로도 대통령의 직무를 수행해 나가면서 이 상을 의식했던 것으로 보인다. 아니, 한발 더 나아가 의욕했던 것으로도 보여진다는 표현이 맞는 것 같다.

　우선 직전 대통령 재임 말까지도 계속되었던 사형집행이, DJ정권 들어서자마자 딱 멈추었다. 평양방문 및 김정일과의 남북정상회담이, 몇 번의 실무 당국자 간 비밀회담 끝에 성사되었다. 방북을 코앞에 둔 상태에서 북측에 의해 공식일정이 일방적으로 변경, 순연되기까지 했다. 이는 국제적인 외교관례에서 크게 벗어나는 행태였다. 국민들은 남북정상회담 개최의 대가로 북측에 무려 4억 5,000만 달러의 현금이 전달되었다는 사실을, 다음 정권 들어서야 알게 되었다. 다름 아닌 현금전달의 지연이 일정변경의 원인 내지 이유였다. DJ는 바로 그해의 노벨평화상 수상자로 이름을 올릴 수 있었다. 그는 여러모로 운이 좋았다.

　YS도 정치민주화와 아울러 남북관계 개선을 최우선과제로 삼은 바 있다. 북측을 향해 이런저런 제안을 해가며 남북화해 및 교류의 물꼬가 트이기를 기다렸다. 나름 자신감도 넘쳤다. 주 노르웨이 대사를 임기 중간에 교체했다. 통상적이고 또 국제적으로 공인된 대사의 임기는 3년인 것으로 알고 있다. 새로이 대사로 부임한 이는 정보기관 출신이었다. 말하기 좋아하는 이들은, 그에게 부여된 주 임무는 대통령의 노벨평화상 수상을 위한 분위기 조성과 로비 등 공작이었다고 쑤군댔다. 북의 김일성 주석이 남측의 정상회담 제의에 긍정적인 반응을 보이고, 연이어 회담형식과 일정에 관하여 구체적인 조율에 들어간 단계에서, 김주석이 급서했다. 손안에 거의 다 들어와 보였던 YS의 노벨평화상 수상은 단박에 물 건너가 버렸다. 정권을 이어받은 새로운 대통령, 영원한 정치적 맞수 DJ에게 영광의 기회를 넘길 수밖에 없었다.

대한민국의 대통령이라면 누구라도, 남북관계의 획기적인 개선을 시도하고픈 욕망에 휩싸인다. 자신의 집념과 노력으로 역사의 획을 긋는 민족사적 업적을 남기고 싶다는 꿈과 포부를 말릴 수도 없거니와, 또 말릴 성질의 것도 아니다. 문제는 과속이다. 임기 내 남북통일을 욕심내는 이도 등장하는 것 같다. 노벨평화상의 단독수상이 어렵다면, 북 지도자와의 공동수상도 상관없는 것으로 판단한다. 한 발 더 물러나, 북한과 미국 영수 간 평화협정 체결의 주선을 대가로 하는 3인 공동 수상을 염두에 두기도 한다. 실제로 이스라엘과 이집트 간 캠프데이비드 협상에 따른 양국 간

평화협정체결 성공으로, 이를 주선한 미국대통령까지 더해져 국가 지도자 3인이 공동수상한 예가 있기도 하다.

이런저런 시도와 관련하여, 개인적 욕심을 전적으로 부인할 수는 없을 것이다. 개개인의 입장과 처지를 따지자면, 가족 간 생이별 후 무려 70년이 넘는 세월이 흐르도록 속절없이 이산 상태를 감내해내고 있는 이들만큼 남북교류를 염원하는 이들도 없다. 그분들의 생물학적 수명이 다해가고 있다. 안타깝기 그지없을진저!

대통령이 노벨평화상쯤 못 받더라도 남북의 형제가 하나 되어 함께 살아갈 수 있는 세상을 열어준다면, 그는 대한민국 역사에 대족적을 남긴 민족지도자로 기록될 것이다. 처음부터 노벨상 수상을 아예 염두에 두지 않고 임기를 시작한다면, 국민들 입장에서는 더욱 편할 것이다. 욕심 버린 자, 더 크게 되리라.

# 만찬과 외국 나들이가
# 잦아지는 이유는?

YS가 대통령에 취임하여 바쁜 나날을 보냈다. 그의 재임 중 주요 업적으로 꼽히는, 군숙정의 일환으로 전광석화처럼 단행된 하나회 척결과 정경유착을 뿌리 뽑기 위한 방편으로 전격 도입한 금융실명제도 재임 전반기 작품이다. 청와대에 초청되어 칼국수 대접을 받는 이들마다, 양이 성에 차지 않는다고 불평들을 해댔다. 주인이 너무 빨리 그릇을 비우곤 멀뚱멀뚱 쳐다보고 있어, 적은 양조차도 그나마 다 입에 말아 넣지 못한 상태에서 젓가락을 놓았다고 푸념하기 일쑤였다. 청와대는 안주인의 자신 있는 요리로, 계속해서 칼국수를 내놓았다. 식사 후 청와대 밖으로 나와선 별도의 식사로 허기진(?) 배를 채웠다는 애교성 불만도 터져 나왔다.

집권 2년 차인가 3년 차에 이르러, 거제 고향동네 사람들 초청이 있었다. 초대 장소는 진해 소재 대통령 전용별장. 박정희 정권 시절 건설된 휴양시설이다. 행정구역상으로는 경남 진해시였지만, 거제도에 바짝 붙어 있는 섬에 위치하고 있다. 현재는 도시통합에 따라, 창원시 진해구로 표기되고 있다. 그 섬은 대통령 고향마을 인 장목리에서는 물 건너 엎어지면 코 닿을 정도로 지척이었다. 하지만 철통같은 보안으로 인해 그곳에 가본 이가 없었다. 금단의 땅이 30여 년 만에 열렸던 것이다. 마을 주민들은 자신들을 초청 해 준 대통령을 자랑스러워하며, 술과 음식을 즐겼다. 주민들이 돌아간 후 휴양시설 관리자들은 파티장 카펫에 생겨난, 음식과 음료수로 인한 얼룩을 훔쳐내고 닦아내는 데 한참 애를 먹었다는 에 피소드가 전해지고 있다. 당시까지도 별장의 관리주체는 해군당 국이었다. 그날의 주민초대 잔치가 인상적으로 다가옴은 나 혼자 만의 느낌일까?

미국의 대통령들은 국민들과의 사이에, 이런저런 형태로 가급적 많은 대화를 나누려 애를 쓴다. 형식에 구애받지 않고, 때론 집무실 에서 또 때로는 대중식당에서 사람들과 격의 없는 대화를 나눈다. 최근에 이르러서는 트위터에 너무 자주, 또 너무 많은 양의 글을 올 려 자신의 의사표시를 쏟아내는 대통령의 행동패턴이 국민들의 우 려의 대상이 될 정도다. 물론 특이하고 예외적인 경우이긴 하다. 백 악관 대변인이 언론브리핑을 하고 자시고 할 여지도 없어 보인다. 그 같은 취향의 대통령도 재선에 실패하여, 물러가기는 했다.

1930~40년대 프랭클린 루스벨트 대통령 시절, 라디오 방송을 통한 '노변담화' 프로그램이 있었다. 프로 진행자와 대통령이 벽난로 앞 의자에 마주 앉아선 그때그때의 시사와 국정이슈에 관하여 대담을 나누는 형식으로 진행되었다. 국민들은 라디오를 통해 흘러나오는 대통령의 구수한 말씀을 경청할 수 있었다. 대통령이 추진하는 정책에 대한 이해와 설득, 협조요청과 공감이 대통령과 국민 사이에 오갔다.

다시 국내로 시선을 돌려보자. 대부분의 대통령들이 집권 2년 차에 이르면, 나름 자신감이 붙는다. 웬만한 문제는 척척 해결해 나갈 수 있는 것으로 여겨진다. 강대국 지도자들도 한두 번 접해보니, 별거 아닌 걸로 보이기 시작한다. 3년 차 정도에 진입할 때쯤에는, 견고한 국제질서도 한번 흔들어 볼 수 있겠다는 만용에 가까운 기운의 충동을 받는다. 나름 영어에 자신 있다는 스스로의 평가를 무기로, 외국기자들 앞에서 영어로 답변을 이어가는 배짱도 부려본다. 국제질서를 도외시하고 독자적인 남북관계의 필요성을 설득하는 우리의 대통령을 향해, 초강대국 대통령은 급기야 '이 사람'이란 호칭을 날린다. 이따금씩 문화와 문학을 거론할 때면, 영락없이 박경리의 『토지』를 입에 올린다. 월선과 용이, 그리고 홍이에 대한 언급이 뒤를 잇는다.

집권 후반기에 접어들어 레임덕이 가까워 오는 걸 아는지 모르는지, 사람들 모아놓고 얘기하는 기호를 접을 줄 모른다. 여러 사람들로부터 얘기를 듣기보다는, 일방적으로 훈시성 얘기를 개진하길 훨씬 더 선호한다. 얘기가 길어지면서, 자칫 자화자찬으로 빠져들기 십상이다.

대부분의 얘기가 주관이 잔뜩 실린 독선에서 시작되고, 강행방침이 없인 아집으로 마무리된다. 오찬이나 만찬은, 대통령이 나름 자신의 치적을 자랑하고 박수와 찬사를 유도해 내기에 제격이다. 국정이 애로에 처했을 때, 여론을 듣겠다면서 사회원로나 종교지도자를 청와대로 초청하는 장면을 종종 본다. 초대해서 밥 먹는다는 데 의미를 둘뿐, 경청은 그 어디에도 보이지 않는다. 대통령이 마이크 잡고 긴 발언하는 시간이 태반을 잠식한다. 이런 경우 대통령은 시종 가급적 입 다물고 들어야 한다.

초대된 손님들의 말씀에 대한 경청을 통해, 걸러지지 않은 여론을 채집해 낼 수 있어야 한다. 그래야만 국민들과의 사이에 괴리가 없는, 여론이 정확히 반영된 정책을 추진해 나갈 수 있다.

OECD 가입국이니, 경제적으로 세계 10대 대국에 진입했느니 하지만, 여러모로 개발도상국의 범주를 완전히 벗어났다고 자평하기에는 아직 이르다. 국제질서에의 편입을 거부할 수도 없거니와, 그렇다고 강대국들의 이해관계에 따른 이합집산의 흐름을 무시할 수도 없다. 냉혹한 국제정치질서하에서 국가의 존립과 국민의 생존을 지켜내고 국가발전과 민족창달의 원대한 꿈을 실현하기 위해서는, 인접국들과의 관계정립과 함께 탁월한 외교술이 요구된다. 장기적인 안목을 가지고 유능한 외교관들을 키워내는 것이 무엇보다도 중요하다 하겠다. 외국주재대사란 사람이 주재국 언어를 전혀 구사하지 못해, 상대국 관리나 언론과의 접촉을 통역 없이는 아예 할 수 없는 지경이라면, 더 이상 얘기할 의욕을 잃게 된다. 그렇다면 외교 쪽은 외교 전문가들에게 맡겨야 한다. 국격이 걸린 문제다.

정상외교의 장점이 있다. 이를 통해 국가수반 간에 친밀감을 형성할 수 있으며, 그 친밀감은 양국 간 현안 해결과 협력의 가능성을 높인다. 통상적인 외교채널을 통해 해결되지 않는 사안이, 정상 간 만남과 협상을 거쳐 단박에 풀리는 경우를 종종 본다. 동맹을 강화하고, 자원협력과 아울러 무역과 관련한 이런저런 마찰을 해소하는 데 정상외교 방식만큼 효율적인 방법을 찾기도 어려워 보인다. 유엔을 비롯한 국제기구와 국제회의를 통한 대통령의 정상외교는 특히나 국가지도자의 리더십 배양을 위해 매우 중요하다. 국가의 품격이나 국력을 확인할 수 있는 장이라는 면에서도 의미가 크다.

대통령의 정상외교는 그래서 필요하다. 그렇다면 꼭 가야 할 데는 친히 참석해야 한다. 총리를 대신 보내거나 특사를 파견함으로써, 국가의 위상확립과 이익증진의 기회가 사라지거나 감소된다면, 이는 심히 유감이라 할 것이다.

임기 중반기가 넘어가면, 꼭 필요해 보이지도 않는 국가들에 대한 공식 방문이 이어진다. 또 이렇다 할 현안이 없는 국가들에 대한 순방이 반복되거나 잦아지는 추세를 보이기도 한다. 이쯤 됐을 때는 이따금씩 외유성 논란에 휩싸이기도 한다. 안방마님이 이 나라를 꼭 한번 가보고 싶다거니, 어느 어느 명승지는 꼭 한 번 들르고 싶다느니, 어디 어디는 또 한 번 가보고 싶다느니의 이유만으로 애초에 계획에도 없던 국가에의 방문이 추진되거나, 또는 일정에 없던 코스가 추가되는 사태는 지양되어야 할 것이다.

하기야 코로나 대유행의 장기화로 인해 대통령 전용기가 일 년 내내 계류장에 묶여 있으니, 잣대를 들이대어 따져보고 자시고 할 형편도 못되기는 한다.

# 청와대 안방마님의
# 스타일이 중요하다는데

비교적 젊은(?) 나이에 청와대에 입성한 이가 박정희다. 그는 한 때 그곳에서 장모를 모시고 살기도 했다. 영부인 육영수의 스타일과 인품이 친정어머니의 그것들을 많이 닮았던 것 아닌가 한다. 깊은 불심 역시 모녀간에 내려받았을 것이다. 속리산 법주사 일주문을 통과하여 계곡 따라 한참을 걸어 올라가다 보면, 세심정이 나온다. 이 지점에서 문장대 코스와 천황봉길이 분리된다. 여기서 물도 나뉜다. 문장대 쪽 등산길이 이곳에서 본격적으로 시작된다. 우측으로, 가파른 사면 중턱에 복천암이 누워 있다.

우암 송시열과 윤 아무개가 이곳에서 만나선, 사단칠정을 논하느라 몇 날 며칠을 소비하였다는 얘기가 전해져 온다. 경내 약수터 부근에 적당한 크기의 석등이 자리하고 있다. 약수터에는 바위 사이로 흘러나오는 물을 받아 보관하는, 큰 돌의 안쪽을 사각형 모양으로 파내어 공간을 만든 대형 수조가 놓여 있다.

박정희 대통령 시절, 그의 장모인 이경령 여사가 시주하여 설치한 시설물들이다. 눈 밝은 이는 돌 표면에 조각된 글자의 의미를 새겨볼 수 있다. 친정어머니의 불심을 오롯이 내려받은 영부인은, 국태민안을 기원하기 위해 수시로 사찰을 찾았다. 단정한 헤어스타일에 한복을 즐겨 입었다. 은은한 미소가 트레이드 마크였다. 세상 사람들은 영부인을 봄날 하얀 목련에 비유하곤 했다. 그 시절 초등학생 남짓 계집아이들은 앙다문 입모양을 하고는, 장래희망란에 '육여사'라고 써넣었다.

YS의 야당지도자 시절, 상도동 자택은 수시로 찾아오는 사람들로 붐볐다. 부부는 이들을 그대로 돌려보내는 법이 없었다. 따뜻한 밥을 먹이고, 형편이 궁해보이는 이에게는 주머니 속에 돈도 찔러넣어 주었다. 바깥주인이 통이 커서, 지갑 속 돈을 세어보지도 않고 뭉텅 빼주기 일쑤였다. 그는 정치자금 관리도 비서에게 전적으로 맡길 정도로, 돈 욕심이 없기도 했다.

그늘을 만들고 그 아래 사람들을 모으는 일을 평생 해온 남편을 수발하느라, 안주인의 마음고생이 끝이 없었다. 그럼에도 싫은 표정 없이 늘 웃는 얼굴로 사람을 맞아주었고, 그 같은 패턴은 청와대 생활까지도 죽 이어졌다. YS가 원래 민주당 구파 출신이고, 구파의 대화장소는 늘 사랑방이었다. 안주인은 종가 맏며느리처럼, 늘 손님을 치러야 하는 게 숙명이었다. 모르긴 몰라도, YS 부부만큼 명절 떡국을 많이 끓여낸 정치인도 없을 것이다. 상도동 안주인의 이미지는 늘 한결같았던 소소함이었다. 청와대로 살림처를 옮겨간 이후, 접대음식의 메뉴만 칼국수로 바뀌었다.

야당지도자로서의 DJ 역시 동교동에서 많은 손님들을 치렀다. 망명과 수감생활의 고초를 겪었던 그인지라, 지인들의 출입빈도가 상도동의 그것에는 미치지 못했던 것 같다. 이희호 여사가 여성계에서는 내로라하는 인텔리인 데다 냉정하고 쌀쌀맞을 것 같은 인상 때문에, 사람들이 격의 없이 그 댁을 방문하기에는 아무래도 좀 부담이 되었을 것 같다. 하지만 DJ 부부는 청와대 생활을 시작하면서부터는, 수시로 손님을 치렀다.

사회 각계각층의 사람들을 초대해, 밥 먹어가면서 세상 돌아가는 얘기를 들었다. 걸러지지 않은 상태의 여론이 생생하니 밥상 위로 올라왔다. 시중 여론을 즉각 즉각 국정에 그대로 반영하였음은 물론이다. 심지어는 자신을 감옥에 가두고 사형선고까지 내린 정권의 대통령까지 부부동반으로 초청해 함께 밥을 먹었다. DJ가 병상에 눕자, 전직 신분인 전두환이 문병을 갔다. DJ가 청와대 재직 시 자신을 10번 불러줬다면서, 뼈 있는 말을 보탰다. "DJ가 현직일 때 전직들이 가장 편했다."

어느 조직이든, 지도자는 지위와 급이 높아질수록 아랫사람들로부터 많은 말을 들어야 한다. 한 나라의 지도자라면 경청의 중요성은 훨씬 더 커진다. 대통령 본인의 안목과 실력이 중요하듯, 영부인의 교양과 문화적인 식견 또한 성공한 대통령 탄생을 위한 필수조건이다. 영부인 스스로의 교양 함양과 문화 향유를 위해 전시회니 연주회니 몸소 찾아다니는 것도 의미가 없는 건 아니다. 문화예술인을 비롯한 다방면의 전문가 그룹이나 일반 시민들을 직접 청와대로 초청해 대화의 장을 마련하는 쪽이 훨씬 더 좋아 보인다. 여름이면 남편이 경내 정자에 불을 밝히곤 막걸리 잔을 권커니 잣거니 해가면서 초대객들과 진솔한 대화를 나눌 수 있도록, 자리를 마련해줄 수 있을 것이다. 한겨울이라면 장소를 옮겨 상춘재의 한옥방실에 술상을 마련해 두면 될 것이다. 영부인이 직접 손에 물 묻히고 칼질하여 준비한 요리나 안주를 주안상에 올릴 수 있다면, 그야말로 금상첨화일 것이다.

국회의원 경력이 6선·7선쯤 되면, 본인은 물론 내조하는 이 또한 내공이 쌓이고 또 다방면에 걸쳐 고수가 된다. 이 정도 다선의원의 부인은 손님을 치르는 일 정도에는 이골이 나 있게 마련이다. 여기에 적당하니 사교성까지 몸에 붙으면, 청와대 안방마님감으로는 안성맞춤이다. 그렇다고, 스타일이 꼭 이래야 한다는 말은 아니다. 자신만의 전문분야와 직업을 갖고 있으면, 그것대로 좋다. 영부인으로서 자기의 전문지식과 그간의 경력을 충분히 활용할 수 있기 때문이다. 국정을 수행하는 남편의 영역과 역량에 너무 깊이 참견하지만 않는다면, 영부인은 대통령에게 가장 가깝고도 믿음직한 카운슬러가 될 수 있을 것이다.

사회활동 쪽에 유독 관심을 갖는 영부인들이 있긴 하다. 보통은 무슨 무슨 단체나 협회의 명예 이사장이니 명예회장이니 하는 따위의 직함이다. 개인에 따라서는 사회단체나 여성단체의 활동을 후원하거나, 이런저런 방식에 의한 지원활동에 적극 나서는 경우도 있다. 사회변화의 흐름에 부합하는 추세로 보인다. 자신의 전문지식과 리더십이 사장되는 것이 못내 아까운 입장이라면, 정치에 투신하여 한 번쯤 대선에 나서보는 것도 꽤 괜찮은 해소책이 되겠다.


청와대에서 밥을 먹고 나온 이들은 그냥 입을 다물고만 있지는 않는다. 이런 이런 음식이 나왔는데, 처음 먹어보는 것이 무려 몇 가지였다느니 해가면서 입방아를 찧어댄다. 은근히 자기과시하는 뉘앙스를 얹어 놓는다. 누구나 어린 시절 어머니가 해주던 음식 맛을 잊지 못한다. 고향음식이다. 나이가 들어서도 그 음식을 찾게 된다. 대통령직을 거쳐 간 누구는 홍어요리를, 누구는 과메기를 즐겨 찾았다는 얘기들이 흘러나오고, 거의 공식화된다. 멸치요리가 아닌 칼국수로 일관한 분도 있다. 멸치가 요리하기엔 낯간지러운 존재라면, 큼직한 대구도 있긴 한데……. 하기야, 멸치로 칼국수의 육수를 우려냈을 수도 있겠구먼.

국회의원 경력이 기껏 초선·재선에 그치거나, 아예 국회의원 경력이 없는 이들도 씩씩하니 대통령직에 도전하고 있다. 대중과의 접촉이나 사교에 익숙지 않은 분도 눈에 띈다. 청와대 업무가 끝나고 어둠이 내리는 저녁시간, 관저에서 부부가 오붓(?)하니 저녁을 먹는다. 텔레비전 뉴스 좀 보고, 카카오톡도 좀 하고는 잠자리에 든다. 이런 모양새의 되풀이가 한 달이요, 일 년이다. 국민들은 대통령이 퇴근 후 누구와 어떻게 시간을 보내는지, 저녁 밥상에는 어떤 반찬을 올리는지, 비록 하찮기는 하지만 이런 것들을 알고 싶어 한다. 이를 통해 대통령 부부의 서민적인 풍모가 노출(?)되어 버리는 경우에는, 임기 말년에도 지지도가 쑥 올라가기 마련이다.

# 형제와 아들들의 발호,
# 막을 수 없나?

영국의 식민지였던 미국이 독립을 선언하였다. 영국은 이를 인정할 수 없었고, 결국 두 나라 사이에 전쟁이 발발하였다. 이른바 독립전쟁. 무기를 들고 전선으로 달려간 시민들로 의용군이 편성되었다. 시간이 갈수록 그 규모가 커졌다. 조지 워싱턴이 군 최고사령관으로 추대되었고, 그는 맡겨진 역할을 기대 이상으로 수행해냈다. 전쟁은 승리로 끝났고, 독립은 쟁취되었다. 헌법제정과 정부수립의 단계로 접어들었다. 시민대표들은 워싱턴을 신생독립국의 왕으로 추대하려는 움직임을 보였고, 또 이 같은 뜻을 당사자에게도 전달했다. 그러나 워싱턴은 왕정의 도입을 단호히 반대했다. 결국 연방제와 대통령제가 미국정치체제의 골격이 되었다. 미합중국 초대 대통령으로서 재선의 임기를 마친 그는 평범한 시민의 신분으로 돌아갔다. 그는 현재까지도 국부로 추앙받고 있다.

조지 워싱턴 이래 현재까지 40여 명의 대통령이 미국을 통치해왔다. 최근 취임한 조 바이든이 46대 대통령이다. 역대 미국 대통령들은 대체로 헌법이 부여하고 있는 권한의 범위 내에서, 맡겨진 직무에 충실하였다. 막강한 권한을 행사할 수도 있을 것 같은데, 스스로 자제할 줄 알았다. 웬만해선 무리수를 두지 않는다. 닉슨이 워터게이트 사건으로 궁지에 몰린 끝에 탄핵 직전 사임하였다. 트럼프 대통령이 전임대통령들의 통치패턴에서 크게 벗어나 한마디로 예측 불가능한 언행을 계속하더니, 임기만료를 불과 열흘도 남겨놓지 않은 상태에서 탄핵소추 위기에 빠졌다. 탄핵소추 사유가 다름 아닌 내란선동이다. 하기야 트럼프는 공사 구분이 희미했고, 친인척 관리도 제대로 하지 못했다. 아들과 딸, 사위까지도 백악관 업무에 관여하게 만들었다. 대통령이 적극적으로 이들을 끌어들였다는 표현이 더 정확할 것이다. 관여의 정도가 아주 노골적이었다. 역대 대통령 중 이렇게까지 친인척 관리에 실패한 경우는 없었다. 미국 민주주의 역사에서 치욕으로 기록될 수 있는 장면들이다.

대한민국 사회에서, 한 가문이 대통령을 배출했다는 사실은 어느 모로 보나 참 대단한 일이다. 족보상 선대 인물들의 행적이 일일이 추적되고, 선조 묘소들의 위치와 풍수에 관한 해설이 속속 등장한다. 곧이어 현지답사 행렬이 꼬리에 꼬리를 물고 이어진다. 고향 마을 곳곳에 플래카드가 걸리고, 또 마을 잔치를 벌여 대통령 탄생을 축하한다. 언론은 생존해 있는 대통령의 부모와, 자식들은 물론 형제자매들까지도 취재의 대상으로 삼는다. 고향마을엔 갑자기 관광객들이 밀려들기 시작하고, 먼 친척들까지도 어느 날부턴가 어깨에 힘이 들어간 상태가 된다. 사돈은 물론 사돈의 8촌에게까지도 청와대에 선을 대달라는 둥 누구를 공공기관에 취업 시켜달라는 둥 각양각색의 청탁이 이어진다. 청와대 비서실 시스템상 대통령 친인척의 관리를 전담하는 부서가 민정수석비서관 휘하에 설치되어 있다. 평소 동향과 특이사항을 상시 감독하고 또 수시로 체크함으로써 비리발생을 사전에 차단하겠다는 취지다. 전담부서 설치의 취지와 이권개입을 비롯한 비리차단 목적의 원만한 달성을 위해서는, 무엇보다도 대통령 본인의 의지가 절실히 필요하다.

대한민국의 역대 대통령들 중 친인척 관리에 나름 성과를 거둔 이가 있는 반면에 실패한 이도 있다. 친인척 관리를 제대로 못 해 저질러진 비리 중 사회적으로 가장 큰 문제를 일으켰던 것은 5공 때의 이철희·장영자 사건이 아니었나 한다. 피해자도 많았고, 피해 규모도 엄청났다.

옛말에 등잔 밑이 어둡다고 했다. 역대 대통령들 중 아들이나 형제의 발호를 제대로 차단한 이가 드물다. 아니, 거의 없다고 하는 편이 오히려 정확할 것이다. 대통령 아버지의 아들에 대한 믿음의 정도가 너무 컸다. 사정기관이나 정보기관에서 아들의 비리에 관한 구체적인 첩보를 입수하여 대통령에게 직보해도, 아버지는 아들에 대한 신뢰를 거두지 않는다. 그릇된 정보가 취합된 것이라며 역정을 낸다. 보고는 되풀이되고, 그때마다 새로운 비리혐의가 보고서에 추가된다. 아버지는 내 아들이 설마 그럴 리가 있겠나 하며 여전히 대수롭지 않게 받아들이거나, 반신반의해가면서도 아들에 대한 믿음을 차마 꺾지 못한다. 아들을 불러 다그치는 경우도 있긴 하나, 펄쩍 뛰는 아들을 아버지는 믿는다. 부정(父情)의 두터움이라니.

　YS의 차남 현철은 외모도 그러거니와, 성격 또한 부친을 많이 닮았다. 강단과 배짱도 좀 있어 보인다. 어릴 적부터 상도동을 수시로 출입하는 정치인들을 줄곧 보아왔고, 또 야당 총재로서 정치활동을 하거나 대통령 후보로서 선거운동하는 아버지를 곁에서 직접 돕기도 한 그다. 나름 정치판의 실체와 속성을 읽어낼 수 있는 수준에 도달했다고 판단했을 것이다. 그의 정치개입이 본격화되었으며, 심지어 군 장성인사에까지도 관여하기에 이르렀다. 그에게 선을 대서 각종 이권을 챙기는 족속까지 생겨났다. 시중에 '소통령'이라는 호칭이 공공연히 나돌았다. 마침내 그로 인해 민심이 돌아앉았고, 시간이 가면 갈수록 여론은 악화되어 가기만 했다. 대통령은 결국 대국민 사과를 해야만 했고, 검찰의 아들에 대한 구속영장 청구와 법원에 의한 영장발부를 그저 묵묵히 지켜보고 있어야만 했다.

DJ는 다 아는 바와 같이 아들 셋을 두고 있다. 홍일과 홍업은 전처인 차용애와의 사이에 둔 아들들이다. 그녀와는 사별하였다. 홍걸은 재혼한 이희호와의 사이에서 출생하였다. DJ도 대통령 자리에 있으면서, 아들에 대한 감독에 만전을 기하지 못했다. 평소의 꼼꼼한 성격에도 불구하고 아들들에 대한 관리를 제대로 못한 데에는, 나름의 사정이 있었다. 특히 큰아들과 둘째 아들의 경우가 그러했다. 둘이 어린 나이에 졸지에 모친을 여의었던 것이다. 그런 데다 큰아들은 정보기관의 고문으로 인한 후유증으로 몸이 성치 않은 상태였다. 두 자식에 대한 연민으로 아버지가 마냥 감싸고 있는 사이 아들들의 월권행위가 연이었고, 또 이런저런 유형의 이권개입이 있었다. 브로커들과 로비스트들이 두 형제를 가만두지 않았고, 형제는 이들의 손에 놀아났다. 비리의 정도가 도저히 묵과할 수 없는 수준에 이르렀다. 형제는 구속되었으며, 아버지는 굳은 얼굴로 대국민 사과를 해야 했다.

두 번은 형님이, 한 번은 동생이 대형사고를 쳤다. 전두환 대통령의 동생 중 전경환이 있다. 운동으로 단련된 듯 체격이 다부지고 당찼다. 대통령인 형을 믿고 한껏 세도를 부렸다. 설쳤다는 표현이 맞을 것 같다. 직함은 새마을운동중앙본부 사무총장이었던 걸로 기억된다. 행차 때마다 무리를 거느리고는, 동에 번쩍 서에 번쩍 수시로 출몰했다. 손에는 지휘봉까지 들려 있었다. 위세는 날이 갈수록 커져, 국정 중 관여하지 않는 분야가 없을 정도였다.

청와대에서 민정·사정 업무를 담당하던 허삼수·허화평이 그의 월권 내지 비리를 척결하기 위해 맞섰다가 오히려 그들이 당했을 정도로, 그의 권력을 무소불위였다.

정부의 실정이 거듭되고 민심이 악화되기에 이르렀다. 그에 대한 국민들의 원성이 자자해졌다. 상황이 이 지경에 이르자, 그는 갖고 있던 직함을 모두 버렸다. 그가 갈 곳은 교도소밖에 없어 보였다. 하늘을 날던 그는 구속되어 포승에 묶인, 초라하기 짝이 없는 신세가 되었다.


노무현 대통령에게는 노건평이라는 형이 있다. 그는 과거 세무공무원으로 근무한 이력을 갖고 있는 것으로 알고 있다. 젊은 시절부터 줄곧 시골생활을 해온 것으로 보인다. 동생이 국회의원이나 장관이 되는 것 정도는 나름 안중에 두었던 것 같기는 하나, 대통령이 되리라곤 꿈에도 생각지 않았던 것 같다.

대통령에 당선되자마자, 시골 영감으로 늙어가던 형에게 사람들이 꼬이기 시작했다. 시정의 온갖 잡것들이 다 찾아와선, 술을 삽네 밥을 삽네 했다. 찾아온 이들은 꿍꿍이를 숨겨가면서 은근슬쩍 꼼수를 부렸다. 이런저런 청탁이 이어졌고, 점점 판세가 커져갔다. 어느 사이 형은 국회의원이나 장관들도 찾아뵈어야 하는 어른의 반열에 올라 있었다.

그런 그를, 말하기 좋아하는 사람들은 '봉하대군'이라 호칭하였다. 그도 결국 지탄의 대상이 되었고, 구속의 길을 피해 가지 못했다. 딱하게도 그는, 노 대통령이 퇴임하고 서거한 이후에도 사기죄 등의 혐의를 받고 구속되기도 했다.

　이상득은 이명박 대통령의 형이다. 경북 포항을 지역구로 둔 국회의원이다. 당내 중진으로 국회부의장까지 역임했다. 이쯤 되면 본인 스스로의 경력만으로도 세상 부러울 것 없는 입장이었다. 명예와 권세도 누릴 만큼 누려봤고, 먹고 사는 데 전혀 지장 없을 정도의 재력도 갖고 있었다. 운 좋게도 동생이 서울시장을 지내고 급기야 대통령으로까지 당선되었으니, 맏형의 입장으로서야 그 자체로 가문의 경사 아니고 다른 무엇이겠나? 뒤로 물러나 앉아선, 동생이 편안하게 대통령직을 수행해 나갈 수 있도록 그저 울타리 역할만 해주면 될 것이었다.

　하지만 그는 끝내 어른으로서의 위엄과 체통을 지켜내지 못했다. 주변 사람들이 떠받들고 아부하자, 분수를 모른 채 우쭐했다. 동생보다 못하지 않다는 자만심까지 곁들여졌다. 대통령 만들기의 일등공신인 젊은 의원과의 사이에 세다툼을 벌였고, 결국 그를 밀어냈다. 이런저런 훈수가 이어졌고, 지역구 관리를 맡았던 보좌관을 모부처 차관자리에 앉히는 등 정부인사에 관여했다. 국정개입의 폭이 점점 넓어져갔고, 이를 지켜보는 국민들의 시선은 곱지 않았다. 끝내 그는, 대통령인 동생도 어쩌지 못하는 상황에서 오라를 받아야 했다. 사람들은 말했다. "누구는 못 배워서 그랬다 치더라도, 배울 거 다 배우고 가질 거 다 가진 사람이 그러면 쓰나?"

현재의 제왕적 대통령제하에서는, 아들이나 형제의 정치개입이나 이권개입을 막기란 결코 쉽지 않아 보인다. 그렇다고 아들이나 형제가 없는 이를 골라 대통령으로 삼을 수도 없는 노릇이다. 재임기간 동안 이들을 나라 밖으로 내보내 유학이나 연수를 시키는 것도 하나의 방법이 될 것이다. 불편하긴 하겠지만, 국내에서 설치다가 자신은 감옥 가고 대통령은 이미지가 실추되는 험한 꼴을 당하는 것보다야 백번 낫지 않겠나.

아울러 사정비서관에게 힘을 실어주어 소신껏 친인척관리 업무를 수행할 수 있도록 배려해야 한다. 그런데 친인척 비리 차단하자고 만들어 놓은 청와대 감찰관 자리는, 도대체 무슨 억하심정으로 해를 넘기고 넘기고 또 넘겨서까지 놀리고 계시는가?

# 종중시조묘역 성역화 사업,
# 꼭 챙겨야 하나?

　사회가 근대기를 거쳐 현대에 접어들면서, 그야말로 많은 변화가 있었다. 우선 대가족제도가 무너졌다. 핵가족화가 되는가 싶더니, 어느새 1인 가정의 비율이 무려 40퍼센트를 넘본다. 한 장소에 모여서 하는 놀이문화가 사라졌다. 이런저런 첨단과학기법과 기계를 통하면, 혼자서도 얼마든지 노는 게 가능해졌다. 시끌벅적했던 달밤의 골목길은 옛 얘기가 되어버렸다. 나이가 들어 현직에서 은퇴하면 수염도 기르고 장롱 속 한복도 꺼내 입었던 시절은 현대인들의 뇌리에서 까맣게 잊혀졌다. 60대 후반이면 결코 젊은 나이대는 아닌데도, 피부의 탄력과 체력의 강함이 40대 초반과 별 차이가 없다. 헬스장 출입을 무시로 하고, 골프채를 들고 하루 36홀 도는 강행군도 거뜬히 해낸다. 나만 즐겁고 편하면 만사 오케이다. 무겁고 복잡한 것은 무조건 싫다.

그런 패턴의 생활을 고수하다 보니, 집안에 나이 든 늙은이는 있을지언정 어른이 없게 됐다. 조상의 묘소관리와 제사도 다 귀찮은 일이 되어버렸다. 장묘문화에 있어서도 화장이 대세가 되기에 이르렀다. 협소한 국토의 면적이 묘지설치로 인해 잠식되어가고, 이를 계속 방치할 경우 조만간 전 국토의 묘지화를 초래하게 될 것이라는 것이 화장 찬성론의 주된 논지다. 하지만 벌초를 비롯하여 묘소관리를 위해 소요되는 노력과 시간을 들이기 싫어하는 후손들의 나태함이 더 큰 이유는 아닌지 곰곰 따져볼 일이다.

많은 성씨가 이 땅에 존재한다. 토종 성씨가 있고, 또 나라 밖에서 들어온 외래 성씨도 있다. 각 성씨는 종중을 결성하여 이런저런 형태의 활동을 전개한다. 대종중이 있으며, 지파라고 불리는 소종중들이 그 아래 자리 잡고 있다. 종중에는 시조가 계시는데, 추모 내지 추앙의 대상이 되는 인물이다. 매년 일정한 날에 후손들이 함께 모여 경건한 마음으로 제사를 지낸다. 왕손 종중들의 그것은 모이는 인원의 숫자와 제사의 규모 면에서 볼 때, 장대하다. 경주 김씨, 전주 이씨, 밀양 박씨, 김해 김씨 대종중 등이 이에 해당한다 하겠다.

이들 종중의 제례의식은 통상적으로 봄과 가을 두 차례에 걸쳐 거행된다. 제관들의 복장도 폼 나고 또 화려하다. 문묘에서 제례의식을 거행하는 제관들의 복장을 그대로 흉내 낸다. 제관들은 넥타이를 풀고는, 신사복을 예복으로 갈아입는다. 그러고는 몇백 년 세월을 거슬러 올라가선 왕릉 앞에 선다.

 대통령 선거를 일 년쯤 앞둔 때부터는, 각 정당의 이른바 예비후보들도 자기 문중의 제례식장에 모습을 나타낸다. 후보의 입장에서는 자연스레 선거운동을 할 수 있는 기회요, 종중 쪽에서는 우리 종중에도 이런 인물이 있다는 과시의 장으로서 딱이다. 설령 후보자가 이전에 종중행사에 참석한 적이 단 한 번도 없었을지라도, 그날은 초헌관 아니면 종헌관으로서 제례의식의 중심인물이 된다. 대종중의 핵심 간부들이 내친김에 로비(?)를 한다. 우리 시조묘소와 전각이 다른 종중들에 비해 좀 초라하다. 대통령이 되시면 종사에도 관심을 가져주시고, 시조묘역 성역화 사업도 적극 추진해 주시기 바란다.

 대통령에 당선되어 청와대 생활을 시작한 지 2년 차쯤 되면, 대통령이 속해 있는 성씨 대종중의 대표자들이 청와대 쪽에 면담을 요청한다. 조만간 대면이 이루어진다. 대표들은 성역화 사업을 거론한다. 대통령은 그동안 바쁘다 보니 신경 쓰지 못했다면서, 관계 장관에게 지시하여 적극 추진하겠다고 약속한다.
 시조묘역의 성역화가 국가 중요 문화재 보수사업들 중 하나로 등장하고, 중앙정부 예산이 집중 배치된다. 명색이 대통령 각하 관심 사업이니, 추진 및 집행이 일사천리로 이루어진다. 법령집을 들춰가며 이런 제약이 있느니 저런 제한규정이 있다느니 해가며 브레이크를 거는 지방공무원은, 중앙정부나 정보기관으로부터 떨어지는 호통에 혼쭐이 난다. 목표는 대통령 임기만료 전 준공식 거행. 공기를 맞추느라 서두르다 보면, 한옥 구조물의 특성상 종씨 대통령 퇴임 이후 목재기둥이 갈라져 깊은 홈이 생기거나 대들보가 뒤틀리기도 하는 현상이 왕왕 발생한다. 무리한 공사 진행에 따른 부실을 피해갈 도리는 딱히 없어 보인다.

드디어 대통령이 준공식 행사장에 모습을 드러낸다. 정중앙에 근엄한 표정으로 서서는 테이프 커팅을 한다. 대통령은 다소 긴 분량의 축사를 하곤, 공사 관계자들과 일일이 악수를 나누며 노고를 치하한다. 대종중 시조묘역 성역화 사업은 대개 이런 모습으로 마무리된다.


김수로는 가락국의 왕으로 등극하여, 멀리 아유타국 공주 신분인 허황옥과 결혼하였다. 슬하에 왕자 여덟을 두었다. 맏아들을 왕위를 이을 후계자로 삼았다. 나머지 아들 일곱은 스님으로 출가하여 지리산으로 들어갔는데, 다들 득도하여 신선이 되었다고 한다. 지리산 토끼봉 아래에 위치한 칠불암의 유래가 이들 왕자들로부터 시작된다.

김대중 대통령 시절, 김해시에 위치한 김수로왕 묘역 성역화 사업이 시행되었다. 왕릉 부지를 대폭 확장하여 단장하고, 기존 전각들을 대대적으로 보수하거나 다수의 전각들을 새로이 들여앉혔다. 김해 김씨 대종중은 DJ의 대통령 당선으로 종중차원의 숙원

사업을 일거에 해결할 수 있었다. 대통령은 김해 김씨 안경공파 14세손이다.

천년고도 경주에는, 신라의 초대 왕이자 박씨의 시조인 박혁거세가 묻힌 오릉이 있다. 경내에 시조왕을 모시는 전각인 숭덕전이 자리하고 있다. 능을 관리하고 매일 참배의식을 거행하는 참봉이 상주하고 있다. 그를 전참봉이라고 호칭한다. 박혁거세는, 천마가 낳은 알에서 태어났다고 하는 탄생설화의 주인공이기도 하다.

박근혜 정권 중반부에 종중 관계자 몇몇이 오릉 성역화 사업을 구상하여 청와대에 선을 댔던 모양이다. 여성 대통령이라 종사 관념이 부족했던지, 아니면 공사 구분이 명확해서 그랬는지는 모르겠지만, 오릉 성역화 사업 추진은 그 이후 흐지부지되었다. 임기를 제대로 마쳤다면 상황이 좀 달라졌을 여지도 없지 않아 있었다고 하지만, 사업이 본격적으로 추진되었다고 가정하더라도 여러모로 임기 내 준공은 기대하기 어려웠을 것이다.

전두환 대통령은 완산 전씨 23세손으로 기록되어 있다. 완산 전씨는 천안 전씨의 지파 종중인 것으로 보인다. 대통령 재임 시 의당 시조묘역 성역화 사업을 했을 법도 하련만, 이 같은 사업을 수행했다는 얘기는 들어보지 못했다. 완산 전씨의 시조가 누구이고, 또 그 묘소가 어디에 있는지도 잘 알려져 있지 않다.

하지만 제왕적 대통령직을 향유했던 그는, 시조 대신 동학농민

전쟁의 꽃인 녹두장군 전봉준의 유적지에 대한 성역화 사업을 시행했다. 그 결과물이 현재 전북 정읍시 황토현에 자리 잡고 있다. 전씨 문중 선대인물 중 고려조 원나라 간섭 시기 때 활약했다는 무관의 유적이 무등산 자락에 있는데, 추모각을 비롯하여 여러 채의 전각들이 들어찬 사당 건립사업 역시 그의 재임 시 이루어진 것으로 안다.

묘역을 확장하고 전각을 몇 채씩 새로 짓는다고 시조의 공덕이 더 높아지지는 않는다. 후손들을 제대로 교육시켜 이 나라의 동량으로 키워 내 나라 발전에 기여케 하는 쪽이 훨씬 더 아름다워 보인다. 육영에의 매진이야말로 가장 훌륭한 숭조의 길이다. 종중들은 장차 자기 문중에서 대통령을 배출하더라도 그를 볼모(?) 삼아 시조묘역을 웅장하게 단장하려 하거나, 더 나아가 내친 김에 성역화 사업추진 따위를 밀어붙이지 말지어다. 대통령이 종중의 이런저런 청탁이나 압력 앞에 쉽사리 굴복해서는 더더욱 아니 될 일이다.

# 퇴임 후 살 집
## 신축에 정신이 팔려서

미국의 대통령들 대다수는 재임 중 국가와 국민을 위해 최선을 다한다. 세계 정치질서의 큰 흐름을 선도해야 하는 입장의 초강대국 최고 지도자다. 재임기간 내내 국내외적인 문제해결을 위해 불철주야 고군분투하기 마련이다. 그러다 보니 비교적 젊은 나이에 취임한 이도, 퇴임 무렵이면 머리칼은 반백이 되고 얼굴엔 잔뜩 주름이 잡히기 일쑤다. 퇴임 당일까지 오로지 공익과 공공선의 실현을 위해 일로매진한다. 최근에 이르러 이와 같은 전통적인 대통령상에 먹칠을 하는 이가 느닷없이 등장하여, 많은 사람들을 당혹스럽게 만들었다. 미 국민들은 자존심이 상했으며, 미국의 위대함에도 타격이 가해졌다. 그가 단임 대통령으로 끝났다는 사실이 그나마 다행이라고나 할까?

여하튼, 임기를 마무리한 미국대통령들 대부분은 자기의 고향 집으로 돌아간다. 미국 땅이 넓다 보니, 시골에 목장이나 농장을 소유하고 있는 대통령들이 많다. 건국 초기에는 이런 경향이 더 심했다. 고풍스러운 시골집에 칩거하면서, 손자손녀들과 유쾌한 시간을 보낸다. 전직 대통령들이 대중 앞에 모습을 드러내야 할 경우가 있기는 하다. 그런 때에는 현직 대통령의 뒤편에 나란히들 서서는, 현직의 든든한 배경이 되어준다. 한 말씀 해달라는 요청이 있을지라도 빙그레 미소만 짓거나, 기껏해야 한두 마디로 끝낸다. 현역의 영역을 침범하거나, 현역의 권위를 빛바래게 하는 언행을 절대로 하지 않는다. 행사를 마친 대통령들은 각자 조용히 귀향하여 다시 칩거에 들어간다. 열정을 채 잃지 않은 상태의 대통령이 보이는 거동이라고 해봤자, 회고록을 집필하거나 가끔씩 강연을 하는 정도에 그친다. 집권 후반기에 퇴임 후 살 집을 새로 지었다거나, 고풍스러운 사저를 현대식으로 뜯어고쳤다는 얘기는 들어보지 못했다.

우리의 역대 대통령 중 이승만과 박정희는 퇴임 후 기거할 새 집을 마련해두지 않았다. 살 집을 새로이 마련한다거나 또는 가지고 있는 사저를 보수해야 되겠다는 생각 자체조차도 하지 않고 있었을 가능성이 농후하다. 이승만에겐 이화장이 있었고, 박정희에겐 신당동에 사저가 있었다. 이들이 대통령직을 무사히 마치고 권좌에서 내려올 수 있었다면, 과연 어느 곳 어느 집에 노후의 둥지를 틀었을까 미루어 짐작해 본다.

　권좌에서 내려온 윤보선은 안국동 사가로, 최규하는 마포의 누옥으로 돌아갔다. 사저 중 하나는 고대광실 대저택이요, 다른 하나는 낡은 서민주택이었다. 이쪽이든 저쪽이든 리모델링도 없었고, 대수선도 없었다. 원래 있던 그 자리로 돌아갔을 뿐이다.


　대통령 전두환도 노태우도 임기를 끝내곤 원래 살던 집으로 돌아갔다. 대대적인 수선이 있었는지는 모르겠으나, 집을 새로 짓거나 사들이지 않았음은 분명해 보인다. 경호원 상주공간 마련이 걸림돌이긴 하였으나, 제한된 공간 내에서 제반 문제를 다 해결했다.

　YS의 상도동 사저는 군사독재에 항거하여 전개된 민주화투쟁의 산실이었다. YS는 여러 번에 걸쳐 가택연금에 처해져, 옴짝달싹 못하는 지경을 겪었다. 그 역시 대통령 퇴임 후 옛 살던 집으로 돌아갔다. 새로 짓긴 했으되, 외견상 옛집과 크게 달라진 건 없는 듯했다.

　DJ는 야당 지도자 시절 줄곧 동교동 집을 고수해 오다가, 일산에 새로이 집을 지어 이사했다. 대통령 퇴임 후 그들 부부는 동교동으로 돌아갔다. 신축에 가까운 보수공사가 있었다. 지하층에 서재와 손님초대 공간도 마련되었고, 다리가 불편한 대통령 본인을 위해 승강기가 설치되었다는 얘기가 들렸다. 대수선을 거치기는 했지만, 그 역시 기존의 살던 집으로 돌아갔다.

대통령 노무현은 임기 초반 탄핵소추안이 국회에서 통과되는 등의 우여곡절을 겪었다. 그는 시종 서민대통령의 이미지를 보여주었다. 퇴임하면 고향으로 내려가 농사도 짓겠다고 공언하기도 했다. 퇴임 2년쯤 전, 내려가 살 집터 매입과 설계가 시작되어 그 후 공사일정이 본격적으로 진행되었다. 사저를 들여앉힐 터에 대한 물색이 있었고, 그 과정에 풍수가도 동원되었던 것으로 보인다. 사저 정면 방향으로 부엉이 바위를 마주하는 것을 피해야 할 것이냐와 관련하여서도 풍수가들 사이에 이런저런 견해가 있었다는 후문이다. 이렇게 해서 김해시 진영읍에 사저가 완공되었다. 사람들은 이를 '봉하마을'이라고 부르고 있다. 노 대통령은 퇴임 후 서울을 떠나 멀리 지방으로 귀향하는 신선함을 보여주기는 했다. 하지만 신축된 사저의 규모와 관련해서는, 쓴소리가 나올 여지가 다분하다. 경호동으로 인해 다소 커 보일 수 있다는 해명만으로는, 따가운 눈총을 피해갈 수 없을 것으로 보인다.

이명박 대통령도 퇴임을 앞두고 사저를 제법 큰 규모로 지었다. 부지 매입단계에서부터 이러쿵저러쿵 말들이 많았다. 결국 새로운 장소를 포기하곤, 기존의 집을 헐고 새로 지었다. 박근혜 대통령은 종전에 살던 집으로 일단 돌아갔으나, 구속 수감될 무렵 그 집을 팔고는 다른 동네에 새 집을 마련하였다. 이 대통령은 실형이 확정되어, 더 큰(?) 집으로 옮겨가는 애꿎은 운명을 맞았다. 박대통령 역시 좋은 집을 사놓고도, 못 들어간 지 햇수로 벌써 4년째다.

문재인 대통령도 전임자들과 비슷한 길을 가고 있는 것으로 보인다. 그에게는 대통령 당선 전에 살던 양산 집이 있다. 집을 감싸고 있는 주변 지형의 지세가 아주 좋고, 특히 집에 바싹 붙어 누워 있는 너럭바위의 기세가 예사롭지 않다고 한다. 한마디로 풍수상 길지란다. 집터의 힘으로 대통령에 당선됐다고 말하는 풍수가도 있다.

　하지만 대통령은 이 좋은 집을 마다하고, 퇴임 후 거처할 집을 새로 짓겠다는 구상을 밝힌 바 있다. 기존의 집은 좁은 데다가 경호상 애로가 많다는 것이 그 이유다. 벌써 통도사 인근의 널찍한 토지를, 신축 사저의 부지로 매입했다. 자녀들 다 결혼 시켜 내보내고 나이 70에 노부부 단 둘이 살 건데, 얼마나 크고 넓은 집이 필요하다는 것인지 알 수가 없다. 너무 큰방은 기를 분산 시켜 오히려 건강에 좋지 않다는 거 아닌가? 대통령은 내심 봉하마을을 염두에 두고 있는 것으로 보인다. 짐작건대, 조만간 등장할 사저의 규모가 봉하마을의 그것에 뒤지지는 않을 것이다.


　국민들은 퇴임 후 기거할 집에 관해서는 생각할 겨를도 없이 국정수행에 일로매진하는 대통령을 보고 싶어 한다. 국민들은, 가급적 퇴임 대통령이 대통령 당선 전에 살던 원래의 집으로 돌아가 이웃주민들의 환영과 박수를 받는 모습을 보고 싶어 한다. 국민들은 퇴임 대통령이 주민들과 어울려 담소도 나누고, 때로는 개구쟁이 꼬마들의 말동무가 되어주기도 하는 인자한 이웃집 할아버지로서의 대통령을 보고 싶어 한다.

국정에 전념하느라 집조차도 마련치 못한 퇴임 대통령을, 정 많기로 둘째가라면 서러워할 대한민국의 국민들이 과연 두 눈 뜨고 바라보고만 있겠는가?

# 정권의 승계시도

## -과연 후계자를 믿을 수 있나?

리처드 닉슨이 재선에 성공해 재임 대통령직을 수행하고 있을 당시에, 제럴드 포드는 하원의장 자리에 있었다. 당시 부통령은 애그뉴였다. 미국의 부통령은 상원의장직도 겸하고 있다. 애그뉴가 뇌물수수 혐의를 받고는 부통령직을 사임하자, 헌법에 정해진 순번에 좇아서 하원의장이 부통령직을 승계했다. 대통령이, 이른바 '워터게이트' 사건으로 탄핵위기에 몰리자 대통령직을 사임했다. 닉슨이 탄 헬리콥터가 백악관 잔디밭을 이륙한 직후, 포드는 이스트룸에서 대통령 취임선서를 했다. 1974년 8월 9일의 일이었다. 포드는 투표를 통해 대통령이나 부통령에 당선된 바 없이 미국대통령에 오른 최초의 인물이다. 억세게 재수(?) 좋은 사내라고나 해야 할까.

포드 행정부는 스스로 인정했듯이, 관리정부였다. 포드는 닉슨에 비해 올곧고 정직하며 정적이 없는 호인으로 평가받았으나, 전격적으로 닉슨을 사면해 버림으로써 여론의 심한 반발을 샀다. 그는 퇴임 후인 1979년 발간한 자서전에서 취임 당시의 소감을 이렇게 썼다. "이 역사적 순간에 나는 나의 전임자들과 동류의식을 깨달았다. 그것은 마치 과거의 모든 미국 대통령들이 내가 성공하기를 기원하고 있는 것 같았다."

그는 인기 없는 대통령으로 끝났다. 1976년의 대선에서 지미 카터에게 패했다. 임기 중반에 불미스러운 일로 대통령을 사임한 닉슨의 입장에서는, 제럴드 포드는 그야말로 충직한 후계자였다.

동서를 막론하고, 물러나는 권력자는 차후의 안전을 염려한다. 재임 중의 처신에 떳떳치 못한 구석이 있거나, 또는 주어진 권력을 남용하여 독재정으로 끌고 간 지도자의 경우에는 신변의 안위가 지도 걱정이다. 이 같은 우려와 근심을 해소하기 위한 가장 좋은 방법은, 자기의 심복을 후계자로 세우는 것이다. 그러나 정치라는 세계에 발을 들인 이들치고, 흉중에 칼을 품고는 웃는 낯을 보이는 자들이 어디 한둘인가. 그래서 열 길 물속은 알아도 사람의 한 치 마음속은 알 수 없다고 했다. 사람을 잘못 보아 후계자로 삼았다가 낭패 보는 사례가 역사상 비일비재하다.

후계자의 신분으로 과분하기 짝이 없는 권력을 쥔 자도, 일단 권좌에 오르면 마음이 달라진다. 여기에다가 전임자에 대한 국민들의 원성과 비난이 가세하기만 하면, 배신(?)의 부담감도 확 줄어

든다. 자신의 인기를 높이기 위해 전임자를 흔들라는 임무를 정보기관에 은근슬쩍 주거나, 언론을 사주하는 경우도 생긴다. 결국 전임자는 학정과 축재 등 혐의를 받고 구속 수감된다. 한발 더 나아가 전임자를 파렴치범으로 몰아가는 후계자도 가끔씩 보인다. 전임자는 뒤늦게 이를 갈며 분노해 보지만, 세상인심이란 것이 원래 그러한 걸 어쩌겠나? 다 자업자득일 뿐이다. 철석같이 믿었던 도끼에도 이렇게 발등이 찍히는데, 이쪽 세력에서 정반대편 쪽으로 정권이 교체되었을 땐 오죽하랴.

　독재정권에서의 후계자 지정과 관련하여, 성공편과 실패편을 한 장면씩만 보기로 하자. 소련 공산당 서기장 고르바초프는 개혁과 개방을 내세워 연방을 통치해 나갔다. 시대적인 흐름에 맞서거나 거역하는 대신 순리를 따른 결과였다. 개혁은 급물살을 타, 급기야 연방해체의 카드까지 뽑아 들기에 이르렀다. 연방 내 여기저기에서 독립선포의 기치가 치켜져 올라갔고, 국민들은 한꺼번에 혼돈과 환희에 휩싸였다. 사태를 줄곧 지켜보던 군부가 가만있지 않았다. 쿠데타를 일으켜 탱크로 의회를 포위하고는 포격을 가했고, 이에 분노한 시민들이 군대 앞을 막아섰다. 보리스 옐친이 탱크 위에 올라서서는 시민들에게 열변을 토했다. 이 장면은 무척이나 인상적이었고, 이로써 옐친은 단박에 러시아 민주주의를 대표하는 정치지도자의 반열에 올라섰다. 그의 인기는 고르바초프까지도 하야하게 만들었다.

옐친은 선거를 거쳐 러시아 대통령에 취임하였다. 하지만 애석하게도, 그는 다혈질에 애주가였다. 술이 안 깨어 공식일정을 펑크내기 다반사였다. 심지어는 공항 영접행사장에서 군악대 지휘자를 밀어내고는, 직접 주악연주를 지휘(?)해대기도 했다. 취중 돌발 사고였다.

임기를 마칠 무렵, 그는 자신의 사후 안전을 보장해줄 후계자 물색에 들어갔다. 낙점을 받은 사람은 정보기관인 KGB 출신의 젊은이(?)였다. 능력이 출중하고, 또 거기에다 대통령과 동향이었다. 둘 다 상트페테르부르크 출신. 이곳에서나 저곳에서나, 믿을 수 있는 건 역시 고향사람? 정보기관원 출신답게, 푸틴은 대통령 등극 후 끝까지 전직에 대한 의리를 지켰다. 옐친은 후계자를 제대로 점지한 덕분에, 흑해 연안 휴양지 수려한 풍광 속 별장에서 여생을 즐기곤 명예를 고이 간직한 채 세상을 뜰 수 있었다.

전두환과 노태우는 연배도 비슷하고, 또 둘 다 경상도 출신이다. 육사 11기 동기로서, 군 생활 내내 동기 중 선두그룹이었다. 둘 다 군 내 핵심 보직을 거쳐 갔고, 12·12사태 시 각 국군보안사령관과 제9보병사단장 직위에 있으면서 사태의 전개 및 수습을 주도하기도 했다.

5공화국의 출범과 함께 한쪽은 대통령이 되었으며, 다른 한쪽은 장관직과 집권당 대표직을 수행했다. 1987년 독재에 항거하는 국민들의 시위가 전국적으로 확산되었고, 정부는 위기에 처했다.

이른바 6월 항쟁. 극도로 경색된 정국을 타개하기 위해 대통령과 집권당 대표가 급하게 꺼내든 카드가 이른바 6·29민주화선언이었다. 이를 누가 주도했는가를 두고는 다른 말들이 나온다.

대통령은 퇴임 후의 안전판으로서 '친구'를 염두에 두고 있었다. 그 친구는 후계자로 낙점받기 위해 '친구'로서 보다는 오히려 '충복'의 언사와 태도로써 늘 영도자 앞에 섰다. 그는 평소 과묵함과 겸손이 몸에 밴 스타일의 소유자이기도 했다. 직선제의 모험을 걸기는 했지만, 3김씨의 분열로 어부지리를 얻은 덕분에 후계구도는 대성공이었다. 대통령에 취임한 노태우는 '보통사람의 시대'를 부르짖었고, 국민들에게도 솔솔 먹혀들어 갔다. 한동안, 전직이 했던 언행과 반대로만 해도 인기를 유지해나갈 수 있다는 말이 돌기도 했다. 88서울올림픽이 끝나기 무섭게 5공정권의 폭정에 대한 비판이 거세게 일어났다. 급기야 국회에서는 5공청문회가 개최되었다. 전직은 온갖 수모와 굴욕을 당했다. 엄동설한 세모에 대국민 사과를 뒤로하고는, 백담사 유배길을 떠났다. 더 이상 '친구'는 힘이 되어주질 못했다. 강한 배신감이 몰려왔다. 현직은 여소야대의 어쩔 수 없는 상황을, 지켜주지 못함의 이유로 삼았다. 둘은 그 후 YS정권 중반기에 이르러, 수의 차림으로 법정에 나란히 선 채 손을 잡았다.

하늘에 태양이 둘일 수 없다. 권력은 아버지와 아들 사이라도 나눌 수 없다. 권력자가 후계자의 지위를 부여하면서 설령 비밀리에 충성서약을 받았다손 치더라도, 이의 정상적인 이행을 기대하는 것은 한마디로 바보짓이다. 권좌에서 물러난 후의 안전이 걱정된다면, 이를 피할 방법이 없는 건 아니다. 멸사봉공의 자세로써, 오로지 국가와 국민을 위한 봉사자로서의 입장에 서서 맡겨진 직책을 수행해나가기만 하면 된다.

대통령에게 부여된 권한을 투명하고도 정확하게 행사하기만 한다면, 퇴임 후에도 두 발 쭉 뻗고 누울 수 있을 것이다. YS가 하나회를 척결하고 전직 대통령 둘을 한꺼번에 감옥 보냈어도, 퇴임 후 시비 거는 이는 없었다. 국민 모두의 정의관념에 부합했기 때문이다. 더구나 돈에 대한 개념이 거의 없었던 그로서는, 부정 축재니 스위스 은행 비밀금고니 하는 말들과는 영 거리가 멀었다. 그는 동네 주민들과 격의 없이 어울려 배드민턴을 즐기는 삶을 살 수 있었다. 장년의 여성동호인에게 왈. "니는 어느 대학 나왔노? 우리 집 맹순이는 이화 대학 나왔데이."

제3부
———

# 성공한 대통령을
# 배출해내기 위한 길

# '촛불혁명'의 참의미

## -국민의 저항권

박근혜 정권의 임기가 중반을 넘어설 무렵, 사회 이곳저곳에서 불만의 목소리가 터져 나오기 시작했다. 가장 큰 문제로 거론됐던 것은 대통령의 통치 스타일이었다. 국가기관들의 청와대 보고가, 어느 날부턴가 웬만한 사항은 다 서면 보고 형식으로 이루어지고 있었다. 장관들조차도 대통령을 단독 대면하기가, 그야말로 하늘의 별 따기였다. 대통령이 국회의원 시절부터 보좌관 또는 비서관으로 데리고 있었던 젊은이 셋이, 문고리 권력을 형성하여 마냥 세도를 부렸다. 세상 사람들은 이들의 행태에 끌끌 혀를 차가며 '십상시' 운운하였다. 게다가 비선조직이 청와대 안방을 호령하고 있다는 사실이 만천하에 폭로되었다. 관련 화면을 접한 국민들은 아연했다. 도대체 누가 이 나라의 대통령인지, 어리벙벙할 뿐이었다. 세상을 발칵 뒤집어 놓은 소위 '최순실 사건'의 진면목이었다.

그렇지 않아도 세월호 침몰사고에 대한 진상조사와 관련자 문책에 있어서의 정부의 어정쩡한 태도에 불만을 갖고 있던 국민들이었다. 국민들은 최고 권력자에 대해 분노했고, 주말마다 촛불을 들고는 거리로 쏟아져 나왔다. 가을 문턱 무렵 시작된 촛불시위는 전국 도시로 확대되어 늦가을 내내 이어졌다.

대통령은 사태의 심각성을 인지하고는, 뒤늦게 대국민 사과를 했다. 아울러 정치체제에 대한 개편 구상을 거론하였다. 나름 정국의 돌파구를 마련해보고자 하는 차원에서의 대국민 제안이었던 것으로 보인다. 대통령의 사과와 굽힘도 끝내 국민들의 분노를 잠재우지는 못했다. 실정의 정도가 그만큼 컸던 것이다. 급기야 국회에서 탄핵소추가 발의되고, 상정된 탄핵안이 가결되었다. 여당 의원들 상당수가 탄핵안 의결에 찬성표를 던졌다. 공은 헌법재판소로 넘어갔다. 탄핵소추에 대한 지리한 심리 끝에, 재판관들은 대통령에 대한 탄핵을 결정했다.

헌법재판소장의 퇴임으로 인해 선임재판관의 자격으로 소장 직무대행을 맡게 된 여성 재판장이, 떨리는 목소리로 주문을 읽어 내려갔다. "대통령 박근혜를 파면한다." 이로써 헌정사상 최초의 여성 대통령은 그 직을 잃었다. 실정과 관련한 사법처리가 그를 기다리고 있었다. 촛불혁명의 완성이었다.

대통령의 궐위로 인한 선거가 치러졌고, 야당 후보 문재인이 새 대통령으로 당선되었다. 2017년 5월의 일이었다. 선거일이자 당선 확정일이기도 한 날의 다음 날 대통령 취임식이 거행되었다. 숨 돌릴 겨를도 없이 문 정권은 출범했다. 대통령은 취임사에서 "지금 제 머리는 통합과 공존의 새로운 세상을 열어갈 청사진으로 가득 차 있습니다. …… 문재인과 더불어민주당 정부에서 기회는 평등할 것입니다. 과정은 공정할 것입니다. 결과는 정의로울 것입니다. …… 불행한 대통령의 역사가 계속되고 있습니다. 이번 선거를 계기로 이 불행한 역사는 종식되어야 합니다. …… 훗날 고향으로 돌아가 평범한 시민이 되어 이웃과 정을 나눌 수 있는 대통령이 되겠습니다. …… 소통하는 대통령이 되겠습니다. 낮은 사람 겸손한 권력이 되어 가장 강력한 나라를 만들겠습니다. 군림하고 통치하는 대통령이 아니라 대화하고 소통하는 대통령이 되겠습니다." 라고 천명했다. 2017년 5월 10일의 일이었다.

이렇게 출범한 문재인 정부는 국정 전반에 걸쳐 획기적인 변화와 개혁을 시도했다. 가장 대표적인 조치가 적폐청산과 소득주도성장론에 기반한 경제정책의 대변환일 것이다. 최저임금제와 주52시간 근무제, 비정규직의 정규직화가 전격적으로 도입, 채택되어 시행에 들어갔다.

노후 원자력발전소의 폐쇄 및 신규건설의 중단 등 정책도 밀어붙였다. 여기저기서 불만 섞인 반대의 목소리가 터져 나왔다. 무리한 추진과 시행으로 인한 부작용 현상도 드러났다. 한동안 정부PR의 좋은 소재였던 소득주도성장론에 기한 정책이 주춤거리는 모양새를 보였다. 이 논리를 설파했던 이도 그 사이 청와대 정책실장의 자리에서 내려와, 중국 주재 대사로 옷을 갈아입었다.

대통령의 임기가 중반을 넘어 후반으로 진입하는 즈음에, 청와대는 감사원장과 검찰총장과의 사이에 이런저런 문제로 알력에 휩싸였다. 정부가 주도하는 정책이 브레이크가 걸릴 때마다, 청와대와 집권여당은 촛불정신을 거역하는 거냐며 으름장을 놓았다. 자신들은 촛불혁명을 통해 국민들로부터 나라를 통치할 모든 권한을 수여받았다고 목소리를 높였다. 따라서 청와대와 정부가 추진하는 시책을 반대하는 것은 곧 촛불정신을 모독하고 훼손하는 행위가 된다면서 핏대를 올렸다. 종종 눈을 부라리기도 했다.

토마스 홉스의 '만인에 대한 만인의 투쟁' 이론은 자유방임 상태에서의 개인의 안전에 대한 위험 내지 위협으로부터 벗어나기 위한 제도적 장치의 필요성을 불러일으켰다. 장 자크 루소의 사회계약론이 따라 나왔다. 개인들이 정부를 조직하여 통치권을 부여하고, 그 대신 정부는 개인의 자유와 권리를 보장한다. 존 로크는 여기에서 한발 더 나아가, 정부가 국민들의 권익을 보장하는 역할을 제대로 하지 못하는 경우에는 국민들이 정부에 저항할 권리를 갖는다는 주장을 펼쳤다. 민중 혁명까지도 용인하는 것으로 보인다. 로크의 저항권 이론은 프랑스혁명을 주도한 민중들에게 지침서가 되기도 했다.

이 같은 저항권 이론은 동양 사상에서도 찾아볼 수 있다. 서양의 그것보다 훨씬 빠르다. 맹자의 사상이 이에 해당한다. 임금은 모름지기 천명을 따라야 하는데, 여기에서 하늘의 뜻이란 다름 아닌 백성들의 목소리를 말한다. 이는 곧 왕은 항시 백성들의 말에 귀 기울여야 하고, 여론을 반영하여 나라 다스림을 해야 한다는 얘기가 되겠다.

위정자가 이 같은 방식으로 나라를 통치하지 않고 전횡으로 흐르고 이로 인해 민초가 고통받게 되는 경우, 맹자는 백성들에게 저항할 권리가 있다고 설파하였다. 폭정을 멈추지 않는 왕이라면 자리에서 쫓아내도 무방하다고까지 하였다. 맹자의 이 같은 저항권 이론은 중국 역사상 일어난 많은 왕조교체를 정당화하는 도구가 되기도 했다.

광화문 앞 대로와 서울시청 광장을 빼곡 채웠던 시민들이 들었던 촛불의 의미는, 어느 특정인이나 특정 계급이나 특정 정당에게 마음 내키는 대로 나라를 다스릴 수 있는 권한을 부여한 것이 결코 아니다. 민중의 비판과 저항이 촛불로 타올랐고, 응집된 민중의 힘 앞에 권력이 굴복했을 때 촛불시위는 촛불혁명으로 승화되었던 것이다. 촛불혁명이란 국민들로부터 통치권한을 위임받은 대통령과 정부가 맡은바 본연의 소임을 다하지 않고 오만과 월권, 그리고 부패와 실정으로 흘러버리면, 국민은 대통령까지도 가차 없이 축출할 수 있음을 일컫는다 하겠다.

촛불에 의해 물러난 정권뿐만 아니라 새로 들어선 정권이라도, 정의관념에 반하는 통치패턴을 계속하거나 대다수 국민의 뜻에 반하는 고집불통이나 막무가내의 길을 가는 때에는, 하시라도 촛불혁명에 의해 무너질 수 있음을 명심하여야 할 것이다.

다시금 분명히 하건대, 국민들의 손에 의해 밝혀진 신성한 촛불은 모든 걸 맘대로 알아서 하라는 특권의 부여가 결코 아니다. 그것은 부패하고 무능한 모든 정권을 겨냥하는 국민저항권이 실린 도끼요, 칼이다.

# 대통령 탄핵으로 인한 선거는
# 제대로 치러졌나?

1979년, 궁정동 안가에서 중앙정보부장에 의한 대통령 시해사건이 벌어졌다. 머리에 총을 맞은 대통령은 급히 부근에 위치한 국군관할병원으로 이송되었으나, 사망 판정을 받았다. 헌법이 규정하고 있는 '대통령이 궐위된 때'가 실제상황으로 전개된 것이다. 그 즉시 헌법에서 정하고 있는 순서에 따라, 국무총리가 대통령 권한대행으로 대통령 역할을 수행해내야 했다. 국무총리인 최규하가 대통령 권한대행으로 취임했다. 헌법은 대통령이 사망 등 사유로 궐위된 때에는 일정한 기간 내에 후임자를 선거한다고 규정하고 있다. 현행 헌법은 '일정한 기간'을 60일로 표시하고 있다.

정부는 서거한 대통령에 대한 국장이 치러진 후, 후임자 선출 절차에 들어갔다. 행정부 내부와 정치권에서 최규하 추대론이 돌았다.

후보로 나서라는 권유에, JP는 완곡하게 사양했다. 박 정권하에서 JP대망론의 장본인이기도 했던 그였다. 그는 헌법 개정을 거쳐 정상적으로 치러지는 대선에 정정당당하게 출마하여, 국민의 심판을 받겠다고 덧붙였다. 이렇게 되자 최규하 추대론이 탄력을 받았다.

결국 최규하가 단독 출마하여 압도적 찬성으로 대통령에 선출되었다. 당시의 헌법은 국민의 직접선거가 아닌, 통일주체국민회의에서의 간접선거 방식에 의한 대통령선거제를 채택하고 있었다. 최규하 정부는 태생부터 한계가 있었다. 조속한 시일 내에 헌법을 개정하여, 새로이 선출되는 대통령에게 정권을 이양하는 것을 맡겨진 임무로 선언하고 있었다. 불행하게도, 대통령은 그 임무조차 완수하지 못한 채 신 군부의 압력에 굴복, 하야해야만 했다. 그 과정에서 이런저런 치욕을 당한 것으로 보이나, 대통령은 끝내 이에 대해서는 언급하지 않았다.

2017년 겨울의 끝자락에 이르러, 헌법재판소는 박근혜 대통령에 대해 제기된 탄핵소추를 인용하는 결정을 했다. 그로써 대통령은 현직에서 파면되었다. 이는 헌법 제68조 제2항에서 규정하고 있는 '판결 기타의 사유로 그 자격을 상실한 때'에 해당하므로, 60일 이내에 후임자를 선거하여야 했다.

대통령 선거일정이 공고되었으며, 여·야를 막론하고 유력주자들이 일제히 선거캠프를 차리고는 선거 준비에 들어갔다. 누가 당 후보를 쟁취하고, 또 누가 최종적으로 대권을 거머쥐느냐에만 온통 관심이 집중되었다. 새로 선출되는 대통령의 임기가 쫓겨난 대통령의 잔여임기에 국한되느냐 여부에 관하여는, 거론하는 이가 없었다.

현직대통령의 탄핵으로 인해 뜻밖에 일찍 찾아온 대선인지라, 너도나도 후보로 나서겠다고 출마를 선언했다. 치열한 당내 경선을 거쳐 본선에 나설 후보들이 확정되었다. 양강구도가 형성되었다. 홍준표와 문재인. 우연찮게 둘 다 법조인 출신이었다. 투표결과, 문재인의 승리였다. 대통령으로 당선되기는 했으되, 득표율이 50퍼센트 선을 넘어서지는 못했다.

곧바로 문재인 정부가 출범했다. 전직 대통령들 취임사가 다 그러했듯, 대통령은 화려한 수사로써 취임사를 채웠다. 과거의 대통령들과는 다른 사고와 자세를 보여주겠다는 다짐도 들어 있었다. 그는 평창 동계올림픽 개회식장 대통령 석에 박근혜 대신 앉을 수 있는 호사까지 누렸다. 더욱이 그 자리엔 북에서 내려온 귀한(?) 손님들도 함께하고 있었다.

최규하 정부와 문재인 정부 출범 장면을 비교해 살펴보자.

양쪽 다 정권 출범의 시발점이, 대통령의 사망과 탄핵으로 인한 대통령의 궐위임은 부인할 수 없는 사실이다. 헌법은 이 경우 후임자를 선출하기 위해 행해지는 대통령선거를 보궐선거로 규정하고 있다. 보궐은 보결과 같은 뜻이고, 그 의미는 빈자리를 보충하여 채운다는 것이다. 채워진 새로운 지위는 채워지기 전 상태의 지위와 자격과 제반조건을 그대로 승계한다. 따라서 종전 지위가 향유하던 것 범주를 뛰어넘을 수 없음은 당연하다. 그렇다면 임기도 전임자의 잔여임기에 국한된다.

최규하 정부출범을 가져온 대통령선거는, 처음부터 보궐선거임을 분명히 했다. 선출될 대통령이 잔여임기 동안만 대통령직을 수행할 수 있음은 여야 구분 없이 당연시했다. 정치 9단 JP도 보궐선거를 통해 당선될 대통령의 태생적 한계를 뻔히 알고 있었기 때문에, 주변의 출마권유를 고사했던 것이다. '정치는 허업(虛業)'이라는 말을 유언 비슷하게 남긴 그이기도 하지만, 정치판에서 기회가 거듭 오는 것은 아니라는 사실에는 미치지 못했던 것으로 보인다. JP가 신사도를 발휘하고 있을 당시에, 대세는 벌써 부리부리(?)한 눈매의 육군소장 쪽으로 기울어 가고 있었다.

노련한 외교관 출신인 최규하는 야욕이 전혀 없었다. 법적으로 보장된 전임자의 잔여임기를 다 채울 생각조차도 없었다. 헌법을 개정하고, 가급적 빠른 시일 내에 새로운 대통령을 선출하여 그에게 순조롭게 정권을 이양하는 것만 염두에 두고 있었다. 한마디로 관리정부의 역할에만 충실하겠다는 의지의 표현이었다. 하지만 애석하게도, 신 군부의 정권찬탈로 인해 노 정치인의 소박한 꿈은 끝내 물거품이 되고 말았다.

박근혜 탄핵으로 인해 치러질 대통령선거는 보궐선거여야 함이

명백하다. 새로이 선출되는 대통령의 임기 또한 전임자의 잔여임기에 국한되어야 함이 분명하다. 그럼에도 불구하고 정치권은, 새로 선출되는 대통령이 임기를 새로 시작하여 헌법이 명시하고 있는 5년을 다 채울 수 있음을 기정사실화했다. 탄핵의 효력이 발생했을 당시 박근혜는 잔여 임기를 12개월 남짓 남겨두고 있었다. 여야를 막론하고, 대권주자들은 잔뜩 욕심에 차 있었던 것으로 보인다. 사활을 걸고 쟁취한 대통령직을 겨우 1년 하고 내려온다? 이를 용납할 이가 없었을 것이다. 더구나 현행 헌법은 대통령은 중임할 수 없음을 못 박고 있다. 고작 1년 안쪽 권세 누리고, 다음 대선엔 출마도 못 해? 이런 사태는, 여야 불문하고 유력 대권주자들에겐 있을 수 없는 일이었다.

대선을 주관할 관련 부처도, 심지어는 중앙선거관리위원회조차도 치러야 할 대선의 성격에 대해서도, 선출된 대통령의 임기에 대해서도 일언반구 언급이 없었다. 학자도 언론도 이와 관련해서는 줄곧 침묵을 지켰다. 그러는 사이 대선은 대통령의 임기가 정상적으로 만료된 상태에서 치러지는 통상의 대선과 진배없이, 일사천리로 절차가 진행되어 나갔다. 역사에 가정은 없다지만, 만약 2017년 대선이 1979년 치러졌던 그것과 비슷한 양상으로 전개되었다면, 과연 국민들이 현재의 정치상황과는 많이 다른 차원을 숨 쉬고 있을까?

비록 1년짜리였긴 하겠지만, '대한민국 대통령 아무개'라는 감투를 자랑스레 족보에 채워 넣는 이도 있었을 것이다.

# 정당의 수명과
# 파벌의 존부

의회 민주주의와 정당정치는 서로 간에 떼려야 뗄 수 없는 관계다. 대의정치라는 개념을 매개로 상호 결합한다. 국민들은 복잡하게 얽히고설킨 현대사회의 한복판에서 정치적 욕구를 분출하고 싶어 한다. 또한 자신의 의사와 기대가 정치에 반영되기를 적극 원한다. 정당은 이 같은 국민들의 집단적인 의사와 희망을 반영하여 정책을 수립한다. 이런저런 선거에 후보를 내고, 채택한 정책노선에 기한 공약을 제시한다. 일반 국민들에게 지지를 호소하여 자당 후보들을 당선시킴으로써, 선거에서의 승리를 추구한다.

의원내각제하에서는 의회 내 다수 당의 지위를 점함으로써, 집권당의 지위에 올라선다. 당의 대표자가 수상이나 총리로 선출된 후 부처별 장관들을 지명함으로써 내각을 구성한다. 대통령제하에서의 정당 소속 당선자는 곧바로 대통령에 취임하고, 대통령을 배출한 정당은 여당이요 집권당이 된다.

양자 간 차이점이라면, 의원내각제에서의 내각은 의원들로 꾸려짐에 반하여, 대통령제의 경우에는 이에 구애받지 않는다는 것이다. 오히려 의원출신 장관이 예외에 속한다. 통상적으로, 장관에 지명되는 의원은 입각에 즈음하여 의원직을 사임한다.

정당은 선거를 통한 정권 장악, 즉 집권을 목표로 한다. 이 같은 목표를 성취하기 위해서는, 국민 다수로부터의 지지를 이끌어내야 한다. 이런저런 정책과 비전을 제시하고 또 홍보하여 국민들로부터 공감을 받아내야 함은 물론, 집권 후의 국정을 원만하게 수행해나갈 수 있는 인적자원을 확보해 둠으로써 국민들의 신뢰를 얻어낼 수도 있어야 한다. 하루아침에 이 같은 여건과 능력이 구비될 수는 없다. 그렇다면 인적·물적 자원을 확보하여 수권능력을 갖춘 상태에서 선거에 임하기 위해서는, 준비에 상당한 시간이 소요될 수밖에 없다.

민주주의의 종주국이랄 수 있는 영국은, 보수당과 노동당의 양당체제를 유지해오고 있다. 좀 거슬러 올라가면 자유당의 존재도 보이긴 한다. 의원내각제하에서, 양당이 번갈아 집권해가면서 민주주의 체제를 잘 유지해 나가고 있다. 우선 정당들의 수명이 길고, 어느 특정 정치인의 성향이나 부침에 좌우되지도 않는다. 각

보수와 진보이념을 표방하고는 있으나, 극우나 극좌의 꼭짓점을 선택하는 법도 없다. 추구하는 이념이나 정책이 현실에 부합하지 않게 되거나 여론에 심히 반하는 경우에는, 노선수정도 불사할 만큼 합리적이고 또 신축적이다.

현대 민주정치의 모범국으로 인정받고 있는 미국의 경우, 역시 공화당과 민주당으로 이루어진 양당체제를 유지하고 있다. 정치적 색채로 보자면, 공화당이 보수요 민주당이 진보라고 할 것이다. 시민들은 자신의 정치적 입장을 스스럼없이 밝히고, 또 많은 이들이 정당에 가입해 있다. 정당이나 정당소속 정치인들은 정치후원금을 위시한 각종 기금을 모금하여 이를 바탕삼아 선거를 치르고, 시민들과 이런저런 단체와 조직은 후원에 인색하지 않다.

정당의 운영은 민주적이고, 당원들에게 주어지는 후보선택권은 폭넓다. 국민들은 똑같은 정당 소속의 대통령을 내리 뽑지는 않는다. 길어야 두 번이다. 서로 간에 여당과 야당을 교대해가면서, 그 사이에 새로운 대통령감들을 키워낸다. 이게 다 양당의 시스템이 건전하면서도 안정적이기 때문에 가능하다.

영국과 미국의 정당사와 우리나라의 그것을 비교하자면, 우선은 초라함이 앞선다. 저쪽에서는 정당의 역사가 백 년이요 이백 년이요 하는데, 이쪽에서는 십 년짜리 찾기도 힘들다. 정당은 민주정치의 꽃인데, 이 땅에서 그나마 긴 축의 수명을 유지한 정당은 독재정권 시절에 존재했다.

이승만 정권 시 독재자의 나팔수 역할을 자임했던 자유당이 10년을 넘겼으되, 4·19혁명으로 온데간데없게 되었다. 자유당 정권에 맞섰던 민주당은 신익희와 조병옥 등 대통령 후보들을 내세워 선거에 임하긴 하였으나, 후보들의 급서로 인해 집권의 뜻을 이루진 못했다. 학생의거 후 집권에 성공했으나, 신파·구파로 분열되어 내부갈등을 드러냈다. 그나마 5·16군사혁명으로 정권을 탈취당하고 말았다. 박정희 독재체제에서의 공화당과 신민당은 여당과 야당으로 고착된 채, 유신체제가 종말을 고할 때까지 수명을 이어 갔다. 정부수립 후 명멸했던 수많은 정당들 중 가장 장수(?)한 정당으로 기록되지 않을까?

5공화국 이후 정당의 탄생과 해체의 주기는 더욱 빨라졌다. 특히 야당 쪽의 변화가 더 심했다. 민주정의당과 민한당이 거인과 꼬마로 나란히 섰다. 6·29선언이 있고 나서 대통령 선거가 직선제로 바뀌자, DJ가 YS와 결별, 휘하세력을 이끌고 탈당하여 평화민주당을 창당했다. 3김씨가 대통령 꿈을 실현하기 위해 모두 출마했으니, 야권 분열로 함께 망하지 않을 수 없었다.

1990년대에 들어 3당 합당에 따른 이합집산이 있었고, DJ는 통합민주당을 거쳐 새정치국민회의를 창당하여 새로이 대선을 준비하였다. 그는 자민련과 후보단일화에 성공, 대통령에 당선될 수 있었다. 그 후 2000년에 들어서기 무섭게, 새천년민주당을 창당하였다. DJ는 말 그대로 천년 수명의 정당을 바랐는지 몰라도, 다음 대선에서 당내 기반이 없는 상태에서 대선후보가 된 노무현은 청와대에 입성하기 무섭게 열린우리당을 새로 창당했다. 그 이후에는 여야 공히 하도 자주 바꾸는 통에, 정당 이름들을 제대로 기억해내는 것조차도 힘들다.

정당의 수명을 보장하기 위해서는, 우선 특정인을 중심으로 정당이 결성되어선 안 된다는 것이다. 이념과 당헌·당규와 정강정책이 정해진 다음, 뜻을 같이하는 이들이 당원으로 가입하여 단계적으로 당세를 키워나가야 한다. 이념 아래 사람이 모여야지, 사람 밑에 사람들이 몰려들어서는 더 이상 지켜볼 필요도 없다. 현실은 이런 바람직한 형태의 창당과 상당한 괴리를 보인다.

심지어는 정당이 새로운 대통령을 배출해냈는데, 정작 대통령은 자신을 당선시킨 정당을 깨고 나와 새로운 정당을 창당하기까지 한다. 이래서는 이 땅에서 정당의 원만한 존립과 발전을 기대할 수 없다. 대통령선거가 있을 때마다 해산이나 탈당, 창당이 반복되는 정치 환경하에서는, 정당의 장수는 고사하고 대의민주주의의 실현조차도 버거워 보인다. 안타까울진저!

전제적 대통령제하의 여당에서는, 파벌의 존재란 생각하기 어려운 대상이다. 눈치 없이 함부로 파벌을 형성하거나 떠오르는 별을 자칭했다가 큰코다치는 케이스를 익히 보아왔다. 숙청의 정도가 심한 경우 정치생명이 회복불능 상태에까지 도달한다. 형사재판의 피고인 신분이 되어, 한동안 곤욕을 치르기도 한다. 파벌을 거느리는 보스들을 허용하고, 2인자와 후계자들을 정해 리더십을 배양토록 함이 정권 재창출에도 백번 유리할 것이다. 하지만 좀더 멀리 내다볼 줄 아는 대통령만이, 이 같은 관용과 여유를 베풀고 또 즐길 수 있다. 지는 별로서의 자신을 용납하지 못하는 이 가로대, "저 놈이 감히 대통령의 권력에 도전을 해?"

대통령선거를 전후로 하여 특정인 중심으로 급조되는 정당체제 하에서, 파벌의 형성을 기대하는 것은 그야말로 연목구어다. 이념 중심으로 만들어진 정당이면서 어느 정도 전통을 세웠다면, 파벌과 보스의 존재는 정당의 민주화를 더욱 촉진할 것이다. 보스로서는 다가올 새로운 시대의 지도자로서 맞춤한 훈련무대가 될 것이요, 정당의 수권능력은 덩달아 강화될 것이기 때문이다.

# 이 땅에서 의원내각제와
# 이원집정부제가 어려운 이유

4·19혁명 후 허정이 이끄는 과도정부가 수립되었다. 그는 내각 수반으로 호칭되었다. 헌법 개정이 있었다. 새로운 헌법은 기존의 대통령중심제를 버리고, 의원내각제를 채택하였다. 이승만 독재체제의 폐해에 따른 반작용이었다. 의회에서 선출되는 총리가 명실상부한 실권자가 되는 정치체제였다. 대통령은 명목상의 국가원수로서 상징적인 존재였다. 국회의원 선거결과 민주당이 압도적인 승리를 거둬, 다수당이 되었다. 장면이 총리로, 윤보선이 대통령으로 각 선출되었다. 당시 민주당은 구파와 신파로 나뉘어 있었다. 윤보선은 구파, 장면은 신파를 각 대표하는 정객이었다.

윤보선은 충남 아산에서 출생하였다. 영국에 유학하여 에든버러 대학교에서 고고학을 전공, 학사와 석사학위를 받았다. 집안이 경제적으로 넉넉했다. 형제자매가 여덟씩이나 된다. 늘 단정한 복장의 예의 바른 '영국신사'였다.

장면은 서울 적선동에서 태어났다. 미국으로 유학을 떠나, 맨해튼 가톨릭대학교에서 영문학을 전공하였다. 그는 가톨릭 집안의 장남이었다. 세례명은 요한. 자녀를 아홉 두었다. 장면은 행정경험이 많았다. 자유당 정권하에서, 1950년 11월부터 1952년 4월까지 국무총리를 역임했다. 이후 제4대 부통령선거에 당선되어, 1956년 5월부터 1960년 4월까지 부통령직을 수행했다.

제2공화국 정부가 출범한 이후, 대통령과 총리 사이에 이런저런 형태의 알력과 갈등이 생겼다. 대통령과 총리 간의 트러블은 곧 민주당 구파와 신파 간의 파워게임이기도 했다. 1961년 봄날 새벽, 군사 쿠데타가 발발했다. 거사에 참가한 부대동원에 차질이 생기자, 쿠데타 수뇌부는 갈팡질팡했다. 맨 앞에 서기로 했던 공수부대의 현장 도착이 계속 지연되고 있었다. 부득불 해병대 병력이 선두에 서서, 한강다리를 남에서 북으로 뚫어나갔다. 이때 어느 참모가 부대지휘관에게 말하기를, "쿠데타가 성공하든 실패하든, 우리 해병대는 없어질 겁니다." 그의 말마따나, 해병대는 해군 휘하로 흡수되었다. 독자적으로 작전을 수행할 수 있는 항공기 한 대, 상륙함 한 척 갖고 있지 못하다. 주요 지휘관들도 다 해군 출신이다. 우연한 사정으로 인해 쿠데타군 선두에 섰던 업보라고 할까?

쿠데타에 동원된 병력은 기껏 2, 3천에 불과했다. 제1야전군 사령관 이한림은 진압병력을 동원하겠다면서, 하명이 떨어지길 기다렸다. 출동 병력의 대기를 명했음은 물론이다. 병력동원을 위해서는 총리의 승인이 필요했다. 분초를 다투는 위급상황에, 총리는 제자리를 지키고 있지 않았다. 미국대사 매카나기도, 주한미군사령관 맥그루더 장군도 본국과 숨 가쁜 연락을 취해가면서 쿠데타 진압 쪽으로 가닥을 잡아가고 있었다. 총리는 관저를 탈출(?)하여 혜화동 카르멜 수녀원으로 잠행했다. 그러곤 외부와 일체의 연락을 끊어버렸다. 관계당국이 수녀원에도 전화를 걸어 총리 소재 여부를 물었으나, 수녀들은 딱 잡아뗐다.

시간은 속절없이 흘러갔고, 상황은 점점 더 쿠데타군에 유리하게 전개돼 갔다. 청와대 장악을 명받은 병력의 지휘관이, 대통령 앞에 섰다. 그때는 벌써 남산 소재 중앙방송국의 전파를 통해, 혁명군의 거사취지와 포고문이 공중에 흩날려진 상태였다. 겁박 받은 대통령의 입에서, 독백인지 아닌지 구별도 애매한 말씀이 흘러나왔다. "음! 드디어 올 것이 오고야 말았군." 그 말의 의미에 대하여, 훗날까지 두고두고 말이 많았다. 쿠데타군이 정부 주요시설을 장악하고, 육사생도들이 쿠데타 지지행진을 벌였다. 미국정부와 주한미군사령부는 쿠데타를 용인하는 수밖에는 별도리가 없었다.

총리는 쿠데타 발발 3일 만에 세상 밖으로 나왔으나, 그 즉시 총리직에서 내려오는 것 이외에 달리 할 일이 없었다. 진압군 출동을 준비해가며 기세등등했던 이한림은 혁명군의 손에 계급장을 떼였다. 대통령과 총리 사이의 알력으로 인해, 충분히 막을 수 있었던 군사 쿠데타를 막지 못했다고 말하는 이들이 많았다.

의원내각제는 앞서 본 바와 같이, 의회 다수당의 대표자가 수상 또는 총리로서 자당소속 의원들로 구성한 내각을 이끌어가면서 국정을 책임지는 정치제도다. 영국이나 일본의 경우와 같이 왕이 존재하는 국가에서는, 왕이 국가원수로서 국가를 대표한다. 하지만 상징적인 존재임은 어쩔 수 없다. 왕이 없는 의원내각제 국가에서는, 명목상의 국가원수인 대통령이 존재한다. 실권이 없음은 마찬가지다.

이에 비해 이원집정부제에서의 대통령의 지위와 파워는 좀 다르다. 우선 국정을 크게 두 개 분야로 나눈다. 여러 가지 방식이 있겠으나, 가장 일반적인 형태는 외치부문과 내치부문, 또는 외교·국방영역과 경제를 비롯한 국내 관련 제반영역으로 분류한다. 두 개 분류기준의 앞쪽 파트를 대통령이, 뒤쪽 파트를 총리가 각 관장·통할한다. 인간의 능력으로 모든 영역에 통달하길 기대하는 것은 쉽지 않다. 따라서 집권당 수뇌부를 구성하는 인사의 특기와 장점에 좇아 대통령직과 총리직을 맡긴다면, 원만한 국정수행을 도모할 수 있을 것이다.

의원내각제가 됐든 이원집정부제가 됐든, 이들 통치시스템이 안정적으로 작동되기 위해서는, 무엇보다도 정당들의 수명이 길어야 한다. 각 보수와 진보를 표방하는 정당이 양당제를 유지하고 있으면 더욱 좋다. 다수의 정당이 난립해 있는 경우에도 의원내각제 운용이 가능하긴 하다. 하지만 이합집산에 따른 정권의 수시교체는 감수해야 한다. 항시 정국불안의 불씨를 안고 있는 셈이다.

영국처럼 국민들의 투표권 행사에 따라, 보수당과 노동당이 집권당과 야당의 지위를 맞교대해가는 국가가 있다. 일본처럼 자민당이 장기집권하고, 나머지 정당들은 만년 야당의 신세를 벗어나지 못하는 국가도 있다. 물론 자민당 집권 중간에 야당이 연합세력을 형성하여 집권한 바가 있기는 하나, 집권상태를 오래 이어가지는 못했다. 영국에서의 의원내각제는 건전하고 또 효율적으로 운영되고 있는 반면에, 일본에서는 당내 파벌 간 야합과 이합집산의 결과로 총리가 선출되고 선출된 총리가 막후 실력자의 눈치를 보는 등, 소신행정을 하지 못하는 폐단과 고질을 계속 안고 가는 문제에 직면해 있다.

이 땅에서는 대다수의 국민들이 대통령제를 선호하고 있다. 내거는 이유의 맨 앞에는 늘 제2공화국에서의 당파분열로 인한 정쟁 및 그에 따른 정부붕괴가 놓인다. 그러나 헌법학자들은 의원내각제를 선호한다. 제2공화국 시절 의원내각제를 제대로 시행해볼 만한 시간적 여유도 없지 않았느냐는 언급을 덧붙인다. 현재처럼 선거 때마다 정당이 우후죽순으로 생겨나고, 더구나 집권당이나 제1야당까지도 대통령 선거를 전후해 없어지면서 새로운 정당이 창당되는 풍토에서는, 의원내각제가 발붙일 공간이 없어 보인다. 정당의 수명이 50년은 고사하고 단 10년 넘기기도 힘든 상황을 보아도 역시 그렇다. 유교적인 생활습성과 정치풍토로 인해, 권위와 권력을 공유하거나 분점하는 데 익숙지 않은 국민성도 문제다.

어떤 입장이나 상황에서도 돈 봉투와 뒷돈을 사양치 않는 정치꾼들의 탐욕을 이용해, 반대당 의원을 빼내기 하는 뒷거래나 정치공작이 비일비재한 예에 비추어 보더라도 분명 그렇다. 의원내각제나 이원집정부제가 아주 좋은 제도이긴 하나, 현실 여건상 우리가 이를 채택하기엔 아무래도 적절치 않아 보인다. 그렇다면 길은 외길. 현재의 제왕적 대통령제를 국제적인 표준에 맞는 대통령제로 바로잡아보는 것이다.

# 지역주의를 타파하기 위한 방안

-'도'의 폐지

5·16군사쿠데타에 의해 제2공화국 정부가 전복되었다. 내각수반인 장면 총리는 난을 피해 은신해 있던 카르멜 수녀원 밖으로 나오자마자, 자리에서 쫓겨났다. 혁명주도세력은 어떤 생각을 했는지, 윤 대통령만은 다음 해 3월 24일까지 자리에 그대로 두었다. 아마도 혁명조직이 안정화 단계에 들어갈 때를 기다렸던 것으로 보인다. 국가재건최고회의라는 비상통치기구가 등장, 그 의장이 국가 최고권력을 행사하였다. 3성 장군이 잠시 거쳐 간 후에야, 박정희는 비로소 의장자리에 앉을 수 있었다. 전임자를 반 혁명분자로 낙인찍은 후의 일이었다. 어깨 위 견장엔 별이 2개 더 얹어져, 4개가 붙었다. 민정이양 약속이 어그러지고, 민주공화당 창당 작업이 암암리에 진행되었다. 민간정부에의 권력 이양과 동시에 군 본연의 임무로 복귀하겠다는 혁명공약이 깨지는 순간이었

다. 원대복귀 대신 현실정치 참여로 방향을 튼 것이었다.

제3공화국 헌법이 제정되고, 이어서 대통령선거가 실시되었다. 나름 자신이 있었던지, 박정희는 그때까지도 윤보선의 정치활동에 대해 이렇다 할 제재를 가하지 않고 있었다. 대선은 정치 초년생 박정희와 노회한 윤보선의 맞대결이었다. 두 후보 모두 전국을 훑는 강행군으로 유세를 펼쳐나갔다. 선거 결과는 박정희 후보의 당선. 두 후보 간 표차가 생각보다 크진 않았다. 또한 양쪽 공히 전국적으로 고르게 표를 얻었지, 지역적으로 몰표가 나오지도 않았다. 국민들은 대선에 임하면서 지방색을 드러내지 않았고, 후보들 또한 지역주의를 부추기지 않았다. 충청도니 경상도니 해가며 편을 가르지도 않았다. 대부분의 국민들이 당과 후보를 보고 자신이 찍을 번호를 정했다. 이 같은 투표성향의 흐름은 그로부터 4년 후, 박정희와 윤보선이 또다시 맞붙은 1967년의 대선에까지 이어졌다.

1971년에 치러진 대통령선거는 이전의 선거추세와는 판이한 양상을 보였다. 박정희와 김대중의 대결장이었다. 후보들이 선거판을 지역주의로 몰아갔으며, 노골적으로 지방색을 부추겼다. 지역주민들도 이 같은 흐름에 부화뇌동하여, 적극 가세했다. 경상도에서는 박정희의, 전라도에서는 김대중의 몰표가 쏟아졌다. 국가를 대표하는 대통령을 선출하는 선거에, 지역주의와 지방색이 주요 이슈가 됐다. 선거결과 박정희의 당선으로 끝나긴 했지만, 한동안 부정선거 논란이 끊이지 않았다. 1972년의 10월 유신과 1980년의 정치적 혼란 이후, 독재정권이 들어서서 수명을 다할 때까진, 대통령선거가 별 의미도 없었다.

1987년 6월 항쟁으로, 국민들은 다시 대통령직선제를 되찾아올 수 있었다. 하지만 그 무렵부터 현재에 이르기까지, 대선 때마다 나라 전체가 극단적인 지역주의의 폐해에 시달리고 있다. 망국의 조짐마저 보인다.

이 나라의 엘리트 계층이 우선, 지역주의의 포로가 되어 있다. 이를 역이용하거나 활용하는 치들도 꽤 있다. 특정지역 출신이 대통령에 당선되면, 선거 시 라이벌을 도운 기업을 손본다. 문제의 기업총수는 라이벌 후보와 출신지를 공유하는 경우가 다반사다. 당선자의 코털을 잘못 건드려 노여움까지 사는 경우, 재벌 해체 지경까지 봉착한다. 칼자루를 쥔 쪽은, 결코 정치보복이라고 이유를 대진 않는다. 산업구조 개편이니 기업구조 조정이니 해가며 끌어댈 명분이야, 쌓이고 쌓였잖는가. 기업들, 특히 재벌 입장에서는 이런 사태에 직면하지 않기 위해서라도, 어쩔 수 없이 양다리를 걸쳐야 한다. 그러니, 이래저래 정경유착의 고리를 끊어낼 수가 없다.

지역주의의 폐단은 정부 부처의 고위급 직위 인선에도 침투해 있다. 어느 정권을 불문하고 장·차관급 인사 시에는, 반드시 지역별 할당이 거론된다. 심지어 장군 진급심사나 경무관급 승진인사에서까지도, 지역별 배정숫자에 맞춰 진급자 내지는 승진자를 추려낸다. 어느 정권이냐에 따라 다소의 변동은 있다. 흔히 사용되는 배당표에 의하면, 이런 식이다. 경남·부산 : 호남·광주 : 경북·대구 : 서울·경기·강원·충청 = 4:4:3:2.

인사의 바로미터는 각 대상자의 능력과 인품이다. 군이라면, 부대지휘를 잘하고 싸웠다 하면 이기는 군인이다. 너무나 당연한 것 아닌가. 이런 기준을 통과한 인물들이 전부 서울 출신이고 나머지 지역의 해당자가 없으면, 그대로 인사발령하면 된다. 지역별 안배 나부랭이나 따지고 있는 사이, 국정이 기우뚱한다. 이러함에도 정부부처와 청와대는, 지역주의의 고질에 얽매여 헤어날 줄 모르고 있다. 딱할진저!

그렇다면 국가적인 문제가 되어버린 지역주의, 하루속히 타파하지 않고는 국가발전을 기대할 수 없는 지방색을 말소하기 위한 방책은 과연 없는 것인가? 대통령을 비롯하여 인사권을 가진 이들의 각성과 공정한 인사권 행사에 기대어볼 수는 있겠다. 하지만 쉽지가 않다. 아무리 그렇게 하겠다고 다짐을 해도, 돌아서면 달라지는 게 인간의 마음이다. 여러 가지 좋은 아이디어가 있을 것이다. 그중의 하나로서 행정구역의 획기적인 개편을 생각해볼 수 있다. 과감히, 현재의 행정단위 체계에서 '도'를 폐지하는 것이다.

그 대신 시·군의 규모를 확대하여, 인구 100만 명 남짓한 단위로 시·군 통폐합을 해야 한다. 기존 기초자치단체들의 의사를 최대한 반영하되, 현재의 도계(道界)에도 가급적 구애받지 말아야 한다.

예컨대, 여수·광양과 남해·하동을 묶어 하나의 새로운 시로 삼는 것이다. 영동·옥천·금산·무주에 김천을 묶어 새로운 시로 탄생시킬 수도 있겠다. 이런 방식으로 새로이 탄생하는 시가, 현재의 인구분포를 통해 추정해 보면 40개에서 50개 될 것이다. 모두가 시의 명칭을 가질 수 있을 것이다. 기존의 도시·농촌 기초자치단체 간 인구 및 재정격차 문제까지도 아울러 해결할 수 있다.

현재 문제가 되고 있는 지방색은, 경상도니 충청도니 하는 '도'를 기준단위로 하고 있다. 어느 특정 도나 도 출신들의 월권과 전횡을 견제·제압하기에, 나머지 도의 숫자가 많지 않다. 2개의 도가 결탁·야합하여 형님 먼저 아우 먼저 할 때에는, 손쓸 방법이 더 없게 된다.

현재의 도 경계를 무시하고 합쳐진 인구 100만의 새로운 시는, 처음이야 여러모로 서먹서먹하고 어색할 것이다. 하지만 적응과 정들기는 금방이다. 40여 개 중 어느 하나가 독주하기는 어렵게 된다. 그런 일이 있더라도, 나머지의 절반만 의기투합해도 쉽게 제압할 수 있다. 견제와 균형을 통해, 지역주의의 발호를 원천적으로 차단할 수 있다. 지역색을 부추기고 지역주의에 기대 정권을 잡

으려 시도하는 무리들을 이 땅에서 영구히 추방할 수 있게 될 것
이다. 그런 부류의 나라가 사람 살기 좋은 나라 아니고, 다른 또
무엇이겠나?

# 단임 대통령제의 맹점
## -4년 중임제의 도입 필요성

선진국이냐 아니냐를 분류하는 기준은 여러 가지다. 어떤 것을 분류기준으로 삼을 수 있느냐를 놓고도 의견이 다를 수 있다. 어느 하나의 기준에 맞는다고, 곧장 선진국으로 판정할 수도 없다. 기준설정단계에서부터 조심스러울 수밖에 없다. 헌법과 관련하여 보자면, 중진국이나 후진국에 비해 선진국에 속하는 나라들에서는 헌법 개정의 빈도가 훨씬 낮다. 어쩌다 헌법 개정이 정치권에서 이슈로 부각되는 경우에도, 십중팔구 국민들의 자유와 권리에 관한 사항이다.

이에 반해 선진국의 문턱을 넘지 못한 국가들의 경우에는 통치기구와 관련한 사항, 즉 대통령이나 국회의원의 선출방법, 중임이나 연임제한규정의 변경, 최고통치권자의 권한확대 등이 핵심이다. 독재자의 임기를 종신으로 몰아가는 무리수도 헌법개정방식을 통하면 거뜬하다. 종신집권을 헌법으로 보장받은 지도자는 신수가 훤하다.

대통령제를 채택하여 제1공화국이 출범했다. 이승만이 국민들의 부푼 기대 속에 초대 대통령으로 취임했다. 제헌 헌법은 대통령의 임기를 4년으로 하고, 1회에 한하여 중임할 수 있음을 규정하고 있었다. 재선 대통령과 집권당은 중임제한에 관한 헌법의 개정을 시도하였다. 야당의 반대를 물리력으로 제압하곤, 그들의 뜻을 관철시켰다. 그 이후의 대통령의 통치는 독재로 흘렀다.

제3공화국의 대통령 박정희도 이승만과 비슷한 길을 갔다. 재선 대통령으로 마침표를 찍는 데 대해 아쉬움을 나타냈다. 집권여당이 대통령의 3선이 가능하도록 헌법 개정에 나섰고, 목표는 달성되었다. 3선 대통령은 취임 후 얼마 지나지 않아, 영구집권을 꿈꾸며 그 실행수단으로 국가비상사태를 선포했다. 이른바 10월 유신. 국민은 대통령 직접 선출권을 박탈당했다. 단독출마에 압도적 찬성으로 당선. 체육관 선거는 되풀이되었으며, 유신정권은 줄곧 독재의 길을 걸었다.

5공화국 헌법 역시 대통령제를 채택했다. 과거의 대통령들이 독재의 길로 빠져들었던 뼈아픈 경험을 염두에 두었다. 그 결과 나온 방안이 임기 7년의 단임제. 중임을 허용하는 경우 권력에 맛을 들인 대통령들이 헌법개정을 통해 집권연장을 시도하는데, 이를 원천적으로 차단하자는 취지의 발로가 되겠다. 헌법은 국민투표 절차를 거쳐 임기 7년 단임제를 확정했다. 단임제라고는 하나, 7년은 너무 길어 보였다. 특정인의 욕심과 의사가 반영되었던 것으로 보인다.

6·29선언에 이어 헌법 개정이 있었다. 대통령선거에 직선제를 도입하고, 대통령의 임기를 5년 단임으로 못 박았다. 그 이후 5년 단임제 선거를 통해 선출된 대통령이 7명이다. 이 같은 제도의 채택 및 시행과 관련하여, 아직까지는 이를 바꿔야 한다는 여론이 형성되지는 않았다. 다만 정치권 일부 인사와 헌법학자들을 중심으로, 4년 중임제로의 헌법 개정 필요성이 조심스레 거론되고 있는 수준이다.

세계적으로 볼 때 대통령제를 채택하고 있는 선진국가들은, 대통령 선출 내지 임기와 관련하여 대부분 4년 중임제를 채택하고 있다. 대통령중심제의 모범국인 미국이 채택하고 있는 그것의 영향이 큰 것 같다. 국민들이 선출한 대통령이 일을 잘해 국정이 원만하게 돌아가면, 집권을 연장시켜 계속 일할 수 있게 하면서 국민들도 선정의 결과물을 향유할 수 있다. 그와 반대로 제대로 뽑았다 싶었는데, 국정수행능력이 형편없고 리더십도 찾아볼 수 없다. 오히려 국민들이 대통령을 걱정해야 할 판이다. 이런 예기치 못한 사태에 직면한 국민들은, 현직대통령으로부터 재선기회를 박탈할 수 있다. 한마디로 말해 직무능력이 출중하고 덕망을 갖춘

지도자와 그렇지 못한 지도자를 구분하여 교체여부를 선택할 수 있다는 것이다. 이 같은 제도하에서는 대통령 또한 직무수행과 관련하여 늘 재선을 염두에 둘 수밖에 없으며, 따라서 매사에 신중할 수밖에 없다.

현대사회는 그 구조가 복잡다기할 뿐만 아니라 서로 간에 얽히고설켜 있다. 게다가 변화무쌍하다. 개인이나 조직간 이해관계 또한 복잡하다. 이해관계의 조정 내지 변동에도 예민하다. 세계화의 급속한 진전으로 인해, 어느 한 국가 안에서 일어난 문제는 더 이상 그 국가에 한정하여 영향을 받지는 않는다. 정부가 수행하는 직무영역과 관련하여, 예컨대 사회복지분야나 경제발전이나 환경분야에 있어 추진되는 정책은 긴 시간을 필요로 하고, 또 일관성과 지속성이 요구된다. 대통령의 임기 5년이 길다면 길다고 할 수도 있겠으나, 위에서 본 분야 등의 정책수립 및 집행과 관련해서는 짧으면 짧았지 결코 길지 않다 하겠다. 이 같은 중장기적인 정책의 효율적인 집행을 위해서라면, 국정을 나름 소신껏 체계적으로 수행해 나가고 있는 대통령에게는 더 일할 기회를 주어야 할 것이다. 그와 반대로 국정을 엉망으로 만들거나, 국론분열과 사회혼란을 야기하는 대통령은 하루속히 권좌에서 내려오게 해야 한다. 이 모든 것을 위해서, 4년 중임제가 5년 단임제보다 낫다 할 것이다.

이 제도에서나 저 제도에서나 국정수행을 잘못하는 대통령이 물러나는 시기가 겨우 1년밖에 차이가 나지 않음을 지적하는 이들이 있다. 이런 이유를 내세워, 현행 5년 단임제의 4년 중임제로의 개정이 별다른 의미도 없다고 주장한다. 그른 말만이 아님은 분명하다. 그러나 무능한 지도자와 부패한 정권 밑에서 고통받는 국민들에게는, 대통령의 퇴임이 1년 빠르냐 늦으냐의 문제는 생업뿐만 아니라 행복을 추구할 권리를 되찾느냐 못찾느냐의 중대하고도 심각한 차원의 것이다. 그들에게 1년은 길고 질긴 찰고무줄이다.

그럼에도 불구하고 현행 헌법이 5년 단임제를 고수하고 있음은, 그만큼 이 땅에서의 독재정권의 폭정으로 인한 국민들의 고통과 희생이 컸음을 반증하는 것이다. 과거의 독재자들이 국민들의 자신들에 대한 기대와 신뢰를 역이용해 독재의 길로 나아갔던 역사를 부인할 수는 없다. 또다시 속지는 않겠다는 다짐, 이 땅에 민주주의를 정착 시켜 후손들에게 행복한 사회를 물려주겠다는 의지 또한 대견하다.

다른 한편, 바람 불고 물 흐르는 사이 시대가 변했다. 과거 경제개발 시대에는 정부나 공공부문이 민간부문을 가르치고 이끌었다. 현재는 정부관료시스템과 공공부문의 서비스 기법이 민간부문에 한참 뒤져있다. 과거에는 정부가 경제개발과 사회발전을 주도했다. 이를 빌미로 이른바 '개발독재'를 정당화하기도 했다. 독재정권을 유지해가는 최후의 수단은 결국 물리력이다. 군대와 경찰 등 무력집단이 최후의 보루가 된다. 시위진압을 명받은 군대와 무장경찰이 상부의 명령에 대해 복종을 거부한 채 민중의 편에 서는 것을, 우리는 해외뉴스를 통해 종종 접하고 있다.

국민들의 민도뿐만 아니라 정치적 수준도 선진국 수준에 바싹 다가가 있다. 첨단 통신기기들은 사회에서 일어나는 소소한 사건들까지 일일이 추적하고, 또 이를 다중에게 전파한다. 국민들은 정권의 독재나 국정농단에 대해 저항권을 행사할 줄 안다. 6월 민주항쟁과 촛불혁명이 그 징표가 되겠다. 이제 이 땅에서 군사 쿠데타는 불가능하다. 헌법 개정을 통한 대통령의 임기 연장이나 그를 통한 장기집권과 독재체제 구축도 더 이상 어려워 보인다. 혹시 이를 시도하려는 세력이 있다 손 치더라도, 이미 민주화에 대한 학습효과가 상당한 수준에 올라 있는 국민들은 결코 이를 용납하지 않을 것이다.

4년 중임제하에서 재선에 성공한 대통령은 무엇보다도 먼저, 취임사를 짧게 할 것이다. 현 제도 하에서의 대통령들은 과욕한 나머지, 세상의 좋은 말이란 말들은 다 갖다 붙이고 있지 않은가? 이제 우리도, 4년 중임제 도입을 진지하게 검토하고 또 본격적으로 논의해볼 때가 아닌가 한다.

# 임기 중 가능한
# 개혁의 숫자

대한민국의 고등학생들은 매년 입시전쟁을 치른다. 지원 대학별로 치르는 본고사에다, 수능성적도 관리해야 한다. 내신을 잘 관리하여 좋은 대학 가는 길도 없는 건 아니다. 학교장 추천을 받는 방법도 있고, 봉사활동 점수를 높여 통과하는 치들도 꽤 있다. 이런 다양한 입시전형에도 불구하고, 선발인원 중 가장 많은 비중을 차지하고 또 합격을 보장하는 방법은 수능평가에서 상위권 해당점수를 얻는 것이다.

이 나라의 대학은 내신에서 모든 과목에 걸쳐 A를, 수능 전과목 만점을 받은 학생을 유치하려고 기를 쓴다. 이를 위해 대학 4년 학비 전액 면제에다 이런저런 특혜들을 듬뿍 얹어 미끼를 던진다.

여하튼 우등생 소리를 들으려면, 전과목에 걸쳐 최상위 성적을 받아야 한다. 이를 위해서는 미술이나 체육과목까지도 일일이 과외를 받을 수밖에 없다. 수능대비 공부라는 것도 시종 찍기 위주다. 논리전개능력은 제쳐놓고, 정답을 골라내는 기술 습득만 가르치고 배운다. 이와 같은 과정을 거쳐 쌓은 지식은 수능이 끝나는 그 순간 사장되고 만다. 한국식 교육의 한계라고나 할까. 많이 늘어놓은 음식, 정작 먹을 것 없다고 했다. 팔방미인치고, 뭐 하나 똑 부러지게 해내는 것 없다고도 했다. 두루뭉수리 이것저것 다 잘하는 쪽보다는, 다른 건 다 못해도 어느 한 과목이나 분야만은 타의 추종을 불허하는 편이 더 낫다. 천재 또한 어느 한 특정 분야에서 남들보다 월등하기가 탁월한 이를 일컫는다. 나머지 분야 모두엔 내리 손방이다.

임기를 시작하는 대통령들마다 긴 취임사를 읽어 내려간다. 공약집이 복잡하고 화려함은 두말할 것도 없다. 대통령은 모든 면에서 자신감에 차 있다. 그 이전의 대통령들이 재임 중 왜 수차례에 걸쳐 거듭거듭 대국민 사과를 하고, 왜 가까운 친인척들이 사회적 물의를 일으키게 할 때까지 방치했는지를 이해하지 못한다. 아니, 자신은 도저히 이해할 수 없다고 말한다. 자신이 전임자들같이 바보짓을 하는 일은 절대 없을 것이라고 호언한다. 자기는 전임자들이 엄두도 못 냈던, 이런저런 개혁을 임기 내 완수하겠다고 다짐한다. 얘기를 끝까지 들어보면, 국가의 근본까지도 뜯어고치려는 총체적 개혁이다.

학문적 이론을 현실에 대입하여 정책으로 추진하게 마련이다. 그 과정에서 이런저런 마찰이 생기고, 또 시행착오가 일어난다. 특히 경제분야와 관련해서는, 이론이란 게 선진국을 기준이나 배경으로 삼아 정립된 것들이 태반이다. 유학하여 이를 습득한 학자들이나 경제관료가, 선진국과는 여러모로 여건과 환경이 다른 우리나라에 그대로 대입, 시행하려고 한다. 중간에 문제가 생기면, 정책을 수정하여 바로잡아야 함이 마땅하다. 그러나 고집을 꺾지 않는다. 대통령의 뜻에 반하기 때문이라는 이유를 대고 나온다. 잘못된 정책의 오류와 부작용이 생겨나고, 그로 인해 실물경제가 타격을 받는다. 정부가 각 분야에 걸쳐 추진하는 정책은 상호모순 되어서는 안 된다. 종합적이고 체계적이어야 한다. 추진하는 정책을 많이 깔아놓는다고 좋은 것만도 아니다. 임기 내 결실을 맺을 수 있는 사안이면 백 번 완수해야 한다. 하지만 무리하여 임기 내 업적으로 끼워 넣으려 해선, 이런저런 부실이 생겨나기 마련이다. 임기 후반으로 갈수록, 조급증에 시달리는 대통령들이 많다. 만물상 공약으로 도배한 대통령일수록 더 그렇다.

대통령 딴엔 임기 중 쉴 틈 없이 일했겠지만, 정권이 끝난 후까지 국민들 기억 속에 남아 있는 대통령의 업적이란 게 많아봤자 서너 가지다. 5년이란 기간 내에 많은 것을 바꾸는 것은 우선 물리적으로 불가능하다. 나랏일이라는 것이 생각만큼 그렇게 만만하지가 않다. 이익집단들이 기존의 제도를 바꾸는 것을 수수방관하지도 않는다.

지역 간, 계층 간, 세대 간 이해관계가 상충되면, 이해당사자 양측이 시위하고 농성하기 일쑤다. 그 틈에서 이해관계를 조정하는 것이 결코 쉽지가 않다. 섣불리 제도개혁에 나섰다가, 목적달성은 커녕 오히려 혼란만 자초하는 경우도 왕왕 있다. 개혁시도를 아예 안 한 것보다 못한 꼴이 되고 만다. 쉽게 치유되기는 어려워 보이는 후유증만 남는다.


평범한 국민이 기억하는 YS의 치적을 들어보자. 하나회 척결, 금융실명제 실시, 조선총독부 건물해체. 기억나는 게 또 있는가? 한참을 궁리하고 나서야 한두 개 추가할 수 있을 것이다. 그 전에 IMF 사태라고 불리는 금융위기 자초가 먼저 떠오를 것이다. 여기서부터는 업적이 아닌 실책이다.

DJ의 업적 편으로 넘어가 보자. 남북정상회담, 노벨평화상 수상. 여기에서 막혔다. 또 뭐가 있을까? 금강산 관광과 개성공단사업을 통한 남북협력? 넓게 보면 남북정상회담 치적의 범주에 넣을 수 있는 것이다. 그렇다면 별개의 독립적인 업적으로 꼽기는 좀 그렇다. 벌써 아들들의 이권개입 등 친인척 비리로 넘어간다. 이쯤에서 멈추는 것이 여러모로 좋을 것이다.

노무현 편으로 옮겨가 보기로 하자. 그 역시 남북정상회담을 통한 남북화해 및 교류업적이 있다. 공공기관의 지방이전 추진, 미국과의 자유무역협정 체결. 이 정도다. 또 생각나는 게 있는가? 행정수도 이전? 논란이 많았고, 그로 인해 국론도 분열되었다. 헌법재판소도 위헌 결정했다. 치적보다는 오히려 과오로 꼽아야 할 것이다.

이번엔 이명박 편이다. 4대강 사업, 자원외교. 이를 업적으로 편입시키는데 이의를 제기하는 이들이 꽤 많다. 자원외교는 실제 이상으로 부풀려졌으며, 그 성과 역시 실제보다 훨씬 과장되었다는 비판이다. 4대강 사업의 결실도 후임 문 정권에 의해 부정되었다. 심지어 치수사업의 일환으로 건설되었던 보들이 백주에 철거되기까지 했다.

그렇다면 이명박 정권의 치적으로 남는 건 과연 무엇인가? 국민들 입장에선, 차라리 서울시장 재직 시의 청계천 개량 사업과 버스 전용차로 도입 등 교통체계개선사업과 관련한 치적이 더 인상적이다.

박근혜 정권하면 떠오르는 것이 촛불시위다. 하지만 그건 그 정부의 치적이 아니다. 그로 인해 정권이 무너졌으니까. 그러면 딱히 떠오르는 치적이 있는가? 아무래도, 기억해 내는데 시간이 꽤나 걸릴 것 같다.

그렇다. 대통령은 취임 초 하나같이 의욕에 가득 차 국정수행을 시작한다. 자신의 임기 내에 가급적 많은 것을 바꿔보자고 다짐한다. 나름 개혁정책을 밀고 나가다 이런저런 저항에 부딪쳐도, 결코 굴하지 않는다. 심한 경우, 개혁에 반대하는 세력을 모조리 적폐세력이니 토착왜구로 매도한다. 하지만 의욕만으로 현실을 뛰어넘지는 못한다. 일거에 사회의 모순을 없앨 수는 없다. 또한 단계적이고 점진적인 개혁이 아닌, 단 한 번의 개혁으로써 사회를 변혁시킬 수도 없다. 더구나 대통령이 관심을 가지고 추진하는 큰 틀의 개혁은, 집권 초반 2년 내에 성공하지 못하면 목표 달성이 불가능해진다. 그 이후에는 반대세력의 조직적이고도 집요한 저항이 개시되기 때문이다.

그렇다면 재임 중 뚜렷한 업적을 남겨 성공한 대통령으로 인정받기 위해서는, 무엇을 어떻게 해야 할 것인가? 우선, 과욕은 금물이다. 재임 중 많은 것을 바꿀 수도 없을 뿐 아니라, 국민들은 자질구레한 치적들은 기억해 주거나 인정해 주지도 않는다. 과욕에 넘쳐 만물상 개혁과제를 깔아놓아선, 죽도 밥도 아니게 된다. 국가적으로 가장 절실한 개혁과제를 다섯 손가락 안쪽에서 선정해야 한다. 공히 임기 내 모든 것을 걸고 달성해내야 할 과제들일 것이다.

훗날 그중에 단 세 가지만 당신의 재임 시 업적으로 국민들이 꼽을 수 있게 된다면, 당신은 확실히 성공한 대통령이다.

# 과거청산
## -만델라식 화합형이어야

 

제2차 세계대전이 연합국의 승리로 끝난 후, 프랑스는 부역자 척결에 나섰다. 비시정부 가담자를 비롯하여, 나치 점령하에서 부역한 자들에 대한 색출 및 처단이 대대적으로 이루어졌다. 그들에게는 배신자니 민족반역자니 하는 굴레가 씌워졌다. 똑같은 반역행위라도 처벌의 종류와 형량을 달리했다. 지식인의 반역행위에 대해서는 가혹하다 할 성싶을 정도로 엄격한 잣대를 들이댔다. 이 같은 분류법에 따라 사형에 처해진 인텔리들이 부지기수다. 나치의 선전에 가담했던 많은 문화예술인들도, 들이대는 잣대를 피해가진 못했다. 그들은 적치하의 저항할 수 없는 위협에 따라 강제동원 되었을 뿐이라고 변명해 댔다. 그러나 허사였다. 변명은 통하지 않았다. 지식인은 위난 앞에서 고결해야 한다. 엘리트는 어떤 상황에서도 함부로 부화뇌동해서는 안 되었다. 그들은 그러지를 못했다. 조국의 이름으로, 그들은 처단됐다. 프랑스판 과거청산이다.

일본제국주의자들이 이 땅에서 물러간 후, 친일세력 청산은 남과 북이 각각 다른 모습을 보였다. 북에서는 정권수립 직후 나름 친일부역자들에 대한 대대적인 숙청작업이 시행되었다. 인신에 대한 처단뿐 아니라, 전 재산의 몰수처분이 병과되는 것이 통상의 예였다. 이들뿐만 아니라 자식과 손자까지도 출신성분이 불량한 계급으로 낙인찍혔다. 도시에서 추방되고, 괜찮다 싶은 직업을 가질 수도 없었다. 북한판 친일청산의 모습이다.

남에서의 친일청산은 초기단계에서 벽에 부딪혔다. 반민족행위자 처벌법이 제정되고, 이를 집행할 반민특위가 설치되어 활동을 개시하였다. 친일파들의 저항은 만만치 않았다. 국내에 지지기반이 확고하지 않았던 이승만은, 집권을 위해 친일파의 핵심정치세력인 한민당과 손을 잡았다. 친일파가 해방 후 정치무대에서 주류로 떠오른 것이다. 이념투쟁이 첨예화되자, 타도해야 할 대상은 자연스레 친일파에서 '빨갱이'로 옮겨갔다. 그 이후 친일세력 청산은 물 건너갔고, 친일파는 독립운동가 또는 건국유공자로 둔갑하여, 가슴마다 훈장을 달았다. 한국판 친일청산의 아이러니다.

남아프리카공화국의 백인정권은 원주민인 흑인들을 무시하고 또 차별했다. 부당한 대우에 항의하는 흑인들은 가차 없이 투옥됐다. 고문은 기본이었다. 정권이 바뀌어도, 흑인들에 대한 차별과 인권유린은 개선될 기미를 보이지 않았다. 오히려 차별정책은 조직적이고 체계적으로 시행되어, 점점 더 강화되어 갔다. 이름하여 '아파르트헤이트'. 흑백분리 정책이다.

이에 맞서 흑인들도 조직적인 투쟁을 전개하기 시작했다. 단체를 결성하고, 군중집회에 무장투쟁까지 시도했다. 젊은 청년 넬슨 만델라가 흑인 인권운동의 리더로 떠올랐다. 위협을 느낀 백인정부는 그를 투옥했다. 무려 27년 동안, 그는 줄곧 감옥에 있었다. 그의 가슴 속 뜨거운 정의감은 식지 않았다. 온갖 협박과 회유에도, 그는 애초의 뜻과 의지를 꺾지 않았다.


세월이 흐르면서 시대적인 환경도 따라서 변했다. 흑인들의 자각과 자유에의 갈망이 높은 수준에까지 올라와 있었고, 물리력에 의지한 억압과 탄압이 더 이상 먹히지 않는 단계로까지 국제적인 정치환경이 조성되어 있었다. "아프리카를 아프리카인들에게."

백인정권은 더 이상 버티지 못하곤, 두 손을 들었다. 1990년의 일이었다. 투옥 중인 흑인 민주인사 300여 명에게 대한 석방조치가 이루어졌다. 종신형을 받고 복역 중이던 만델라도 함께 석방되었다. 옥문을 나선 흑인지도자는, 어느새 노인의 모습을 하고 있었다. 만델라가 헌법 절차에 따른 선거에서 새로운 대통령으로 선출되었고, 흑인 각료들로 구성된 정부가 수립되었다. 대통령은 통치에 자신의 사적인 감정을 싣지 않았다. 자신을 박해한 백인정권 요인들에 대해 정치적 보복도 하지 않았다. 용서와 포용이 있을 뿐이었다. 이를 통해, 그는 국민화합과 국가통합을 이끌어낼 수 있었다.

임기를 채운 그는, 평범한 시민으로 자리를 내려앉았다. 하얗게 센 머리에 구릿빛 얼굴, 늘 수수한 옷차림에 백만 불짜리 미소. 그의 트레이드마크는 변함없었다. 그를 탄압한 백인 정치인들은 한동안 편한 상태로는 잠들지 못했을 것이다. 대통령의 진심을 알았을 때, 과연 그들은 참회와 감사의 눈물을 흘렸을까?

만델라는 국민들의 사랑과 존경을 한 몸에 받는 상태에서 여생을 즐겼다. 로맨스 그레이로 세인들의 눈총을 받고 또 입방아에 오르기도 했지만, 그 정도 가십만으로 노 대통령이 이룩한 위대한 업적에까지 흠이 나진 않았다. 대통령이 영면에 든 지도 벌써 여러 해째다.

이 땅에서도 역사 청산을 강조하고, 또 임기 내 역점 사업으로 추진하는 대통령들이 있다. 전 정권의 비리와 부패에 연루된 인사들에 대한 사법처리야, 어느 정권 불문하고 다들 한다. 그 정도 수준이라면 웬만한 국민은 다 공감한다. 하지만 친일청산에, 근대사에 기록된 역사까지 모조리 청산하겠다고 나서는 대통령은 주시의 대상이다. 이러다가 고려시대 인물로까지 청산의 대상이 거슬러 올라갈지도 모른다는 넋두리가 하찮게 들리지 않는다.

　과거의 역사와 역사적 인물에 대한 평가는, 역사가의 시각과 그 때그때의 시대적 사조나 정치적 환경에 따라 달라진다. 충신이 시대적 흐름을 읽지 못한 수구파로 매도되기도 하고, 역적이 시대가 부여한 역사적 사명을 충실히 수행한 선각자로 둔갑하기도 한다. 위정자들은 자신의 거사와 찬탈을 정당화하고 또 정권의 정통성을 분식하기 위한 목적으로, 역사상 특정 인물의 우상화·영웅화를 시도하기도 한다. 거기에 자신의 이미지를 덧씌운다. 역사청산은 그래서 어렵다. 섣불리 달려들 것만도 아니다.


　역사청산의 방식도 문제다. 현재를 살아가는 이들이 단 한 번 대면해 보지도 못한 인물의 행적을 아물아물 짜깁기하고, 이를 바탕으로 역적입네 친일파입네 꿰는 식은 옳다고 할 수 없다. 청산 대상으로 낙인찍힌 자는 또 어떻게 응징할 작정인가? 부관참시라도 하려는가, 아니면 직계 후손들을 내리 연좌시키려는가? 죽은 자를 모욕 준다고, 그가 무덤 속에서 수치를 느끼지도 않는다.

　까놓고 얘기해서, 36년 일제의 압제와 수탈 속에서 친일의 혐의에서 자유로운 이가 과연 얼마나 될까? 애국지사들도 순국이나 사망으로 해방 전에 인생을 마무리하지 않고서는, 제국주의가 패망으로 끝날 때까지 지조를 유지할 수는 없었다. 변절로 돌아선 애국지사들이 부지기수였다. 평범하기 그지없는 이들조차도 친일을 흉내 내지 않고는 배겨낼 수 없는 처지가 그 당시의 시대적 상황이자 환경이었다. 남들을 향해 함부로 친일의 잣대를 들이댈 것이 아니다. 나의 아버지, 할아버지의 일제 시 행적부터 세세히 짚어볼 일이다.

  전 정권들의 적폐청산은 물론이요, 근·현대사와 관련한 과거청산도 정권 내내 질질 끌고 갈 일은 절대 아니다. 정권 초반에 짧고 굵게 끝내야 한다. 모든 국민들을 대상으로, 앞으로 뒤로 순서도 없이 중구난방으로 찔러댈 수는 없잖겠는가. 상징적인 차원에서, 현재를 사는 이들로 하여금 어떤 방식으로 삶을 살아가야 할 것인가의 방향만 제시해줄 수 있는 선에서 멈춰야 한다. 그리고 그쯤에서 미래로 눈을 돌려야 한다. 국민의 안전과 자유, 조국의 평화로운 통일과 다음 세대들의 행복을 위해 국정의 지표가 설정되어야 한다. 대통령은 멀리 앞을 내다보면서 국정수행에 일로매진할 뿐이다. 요구되는 것은 분풀이의 주먹질도 아니요, 복수의 칼날도 아니다. 오로지 용서와 관용, 국민화합과 국가통합일 뿐이다.

# 작은 그림은
## 총리와 장관에게

대통령제하에서의 국무총리는 2인자로 통한다. 그래서 그의 신분을 일인지하 만인지상(一人之下 萬人之上)이라고 표현한다. 조선시대로 말하자면 영의정이요, 대한제국시절의 총리대신이다. 헌법은 '국무총리는 대통령을 보좌하며, 행정에 관하여 대통령의 명을 받아 행정 각부를 통할한다.'고 그 지위와 권한을 명시하고 있다. '국무위원은 국무총리의 제청으로 대통령이 임명한다.'는 규정과 '국무총리는 국무위원의 해임을 대통령에게 건의할 수 있다.'는 규정도 있다. 또한 '행정 각부의 장은 국무위원 중에서 국무총리의 제청으로 대통령이 임명한다.'는 조항과 '국무총리 또는 행정 각부의 장은 소관 사무에 관하여 법률이나 대통령령의 위임 또는 직권으로 총리령 또는 부령을 발할 수 있다.'는 조항도 보인다. 총리의 국무위원 내지 장관의 임명제청권, 해임건의권, 총리령·부령제정권이다.

이회창은 대법관 임기를 끝낸 후, YS에 의해 감사원장으로 발탁되었다. 그는 법관시절 '대쪽판사'라는 닉네임을 갖고 있었다. 소신판결을 많이 했다. 대법관의 자리에 있으면서도, 가장 많은 소수의견을 냈던 그였다. 급기야 그는 대통령에 의해 국무총리로 지명되었다. 총리직을 수행하면서도 평소의 스타일이 툭툭 튀어나왔다. 헌법과 법률이 부여하고 있는 총리의 권한을 다 행사하겠다는 의사를 거침없이 피력하기도 했다. 대통령의 해외 순방기간 중, 군 관계자를 대동하고는 전방부대를 시찰하는 등의 일정을 소화하기도 했다. 총리의 의욕적인 직무수행은, 결국 이런저런 뒷말을 남겼다. 대통령 직무에 대한 월권이니 아니니 하는 차원으로까지 파고가 높아졌다.

대쪽 스타일의 총리는, 이런 상황에서도 굳이 해명(?)에 나서지 않았다. 남은 길은 총리 교체뿐이었다. 기존 총리들의 직무수행 스타일에 길이 들어있던 YS로서는, 헌법상 정해진 권한을 제대로 행사하고 나오는 '대쪽' 총리를 용납하기가 어려웠을 것이다. 대통령 권한에 대한 도발로 오해(?)했을 가능성이 꽤나 높다.

이해찬은 박정희 독재시절부터 학생운동에 가담했다가, '별'을 달았다. 타오르는 열정과 집념은 그를 재야운동으로 이끌었다. 그의 앞엔 오로지 투쟁만이 있을 뿐이었다. 청양 산골출신 이해찬은, 서울 신림동을 지역구로 둔 초선 국회의원의 신분으로 제도권에 진입했다. 그 이후 승승장구하여 선수를 높여갔다. 나이 50전에, 벌써 당내 중진의 반열에 올라 있었다. DJ정부에 이르러 교육부 장관에 임명되었다. 나름껏 소신행정을 펼쳐, 교육개혁을 시도하였다. 시대적인 흐름을 타긴 하였으나, 반발 또한 만만치 않았다. 그는 뚝심과 배짱으로 밀어붙였다.

노무현 정권 중반, 청와대는 그를 총리로 호출했다. 대통령에 대한 탄핵소추로 한바탕 난리(?)를 겪고 난 다음이었다. 대통령은 총리지명에 즈음하여, 그에게 총리의 격에 걸맞은 권한의 행사를 보장한 것으로 보인다. 대통령의 당시 처지로서도, 국정수행의 부담과 책임을 덜고 또 분산시킬 필요가 있어 보였다. 신임 총리가 정치경험과 경력에서도 결코 대통령에게 치이지 않기도 했다. 장관들도 총리의 심기를 살폈고, 공직사회의 근무기강도 꽤 바로 잡혔다. 그래서 얻은 닉네임이 다름 아닌 '실세총리'.

역대 총리들 이름을 일일이 기억하기는 힘들다. 일 년 남짓 재임하다 물러난 이도 있고, 3년 이상 장수한 분들도 있다. '대독총리'라 불릴 정도로 얼굴마담 역할로 끝난 분도 있으며, 그 반면에 실세 총리로서 맘먹고 제대로 권한을 행사한 이도 있다. 헌법상 규정된 총리의 권한이야, 그간의 수차에 걸친 헌법 개정에도 불구하고 달라진 게 거의 없다. 그럼에도 개인별 집무 스타일과 권한행사의 크기가 다 달랐다.

대통령들은 2인자라 불리는 총리가 국민들로부터 뜻밖의 인기를 얻거나, 또는 자신에게 비견될 정도로 총리의 권한이 비대해지는 것을 바라지 않았다. 총리의 직무영역을 최대한 넓히고, 헌법상 보장되는 자신의 권한을 침탈(?)당하지 않기 위해 적극적으로 나서서 분발하는 스타일의 총리가, 그나마 어깨 펴고 활보할 수 있었다. 하지만 실세총리의 파워도 거기까지다. 물러나면, 곧장 그것으로 끝이다. 개인적으로야 학벌 좋고 덕망 있고 또 가문 좋고……. 이 같은 좋은 조건에도 불구하고, 총리를 거쳐 간 분들 중 바로 한 계단 위라는 대통령 자리에까지 오른 이는 단 한 명도 없다. 하기야 때와 장소 불문하고 안면몰수와 이전투구를 몸소 치러내야 하는 아수라판에 몸을 내던지기에, 그들은 너무 선비적이다.

하고 많은 역대 장관들 중에서, 가물에 콩 나듯 드물기는 하지만, 그래도 실세 장관들이 있었다. 그들을 만나기 위해서는, 과거 정권으로 한참을 거슬러 올라가는 수고를 마다하지 않아야 한다. 박정희 정권의 경제개발 시기에 경제기획원 장관을 거쳐 간 이들이 실세의 주류를 이룬다. 김학렬, 장기영, 남덕우. 그들의 권한은 막강했다. 대통령의 경제개발 의지와 주무부서 장관에 대한 전폭적인 신뢰와 지지가 이들 파워의 원천이었다.

외무부 장관들 중 몇몇도 실세 장관의 위세를 누렸다. 김용식, 박동진, 노신영. 이들은 개인적으로 탁월한 외교능력을 구비하고, 나름 정무감각도 뛰어난 인재들이었다. 리더십과 조직장악력도 특출했다. 대외관계에 있어서 한국의 위상을 높이는 데 지대한 공을 세우기도 했다. 이들 실세 장관들은, 소속부서의 고위간부급에

대한 인사권도 재량껏 행사할 수 있었다. 전설적인 장관의 탄생에
는 다 그럴만한 배경과 이유가 있었던 것이다.

　각 분야의 전문가들로 행정부처의 장관직을 채우고, 직무집행
에 관하여 장관들에게 전적인 권한을 부여하는 방식이야말로 좋
은 정부, 성공한 정부의 지름길이다. 가급적 많은 재량권을 주고,
그 결과에 따른 책임을 지게 하면 된다. 휘하 국장자리 하나 임명
하는데도 일일이 청와대의 지침을 받아야 하는 장관이 직무를 제
대로 수행할 것을 기대하는 것은, 그야말로 연목구어다. 일국의
장관을 청와대의 하명이나 집행하는 심부름꾼 내지 하수인으로
전락시켜서는, 정권의 성공을 기대할 수 없다.
　국정의 통할을 노 비서실장에게 방기(?)하고는 안방 깊숙이 들어
앉아, 대통령 이름의 화환을 누구누구에게 보내느니 마느니 나부
랭이를 일일이 따지고 있는 대통령은 자격에 대한 의심을 불러온
다. 행정부처의 일개 국장자리까지 누구를 앉히느니 마느니 재가
면서, 주무장관의 인사권까지 침탈(?)하는 만기친람형 대통령은
도편수를 피곤케 하고 또 주눅 들게 한다.
　각자 지위에 걸맞게, 대통령은 호랑이 그림을 쓱쓱 그려나가면
서 표범이나 치타는 총리로 하여금, 삵이나 고양이는 장관들로 하
여금 그리게 해야 할 것이다. 그 길을 가다 보면, 성공한 대통령이
안 되려야 안 될 도리가 없겠다.

# 헌법기관의
## 독립성 보장과 상호존중

미국의 정치가 장기간에 걸쳐 안정세를 유지해올 수 있었던 비결은 권력기관 간 '견제와 균형' 기능이 제대로 작동하였기 때문이라고 평가되고 있다. 상원과 하원으로 구성된 의회가, 우선적으로 대통령과 행정부를 견제한다. 정부 고위직에 대한 인사청문회를 비롯하여, 상임위원회와 소위원회 차원의 이런저런 청문회가 수시로 열린다. 이는 곧 행정부에 대한 비판과 견제의 장이기도 하다. 상원은 연방정부의 월권이나 독주를 견제하기 위해 독립초기의 주들과 주민들이 고안해낸, 절묘하기 그지없는 제도적 장치다. 연방정부의 정책이 주의 입장이나 노선에 반하거나 주의 이익을 침해하는 경우, 상원의원들은 비토권을 행사한다.

대통령과 집권당이 상·하 양원 모두에서 다수당의 지위에 서게 되는 경우도 생기게 마련이다. 의회의 행정부 견제를 기대하기 어려운 상황이 되어버린다. 이때에는 대통령의 독주를 막기 위해, 종종 법원이 나선다. 연방대법원은 미국의 민주주의와 국민들의 인권을 수호하기 위한 최후의 보루다. 국가위기의 순간에도 흔들림 없이 본연의 역할을 수행해왔다. 그런 연유로 해서 미 국민들의 연방대법원에 대한 신뢰와 애정은, 다른 어떤 기관도 따라갈 수 없는 차원이다.

트럼프 집권 후반기, 백악관 출입기자들 중 한 고참이 대통령을 집요하게 물고 늘어졌다. 대통령은 거듭된 기자의 질문을 회피하고 묵살했다. 급기야 양인 사이에 설전이 벌어졌고, 대통령은 버럭 화를 내며 회견장 밖으로 나가라고 소리쳤다. 백악관은 문제의 기자에 대해 즉각 출입금지 처분을 했다. 그로부터 채 1주일도 지나기 전에, 기자가 백악관 안으로 들어섰다. 법원이 백악관의 처분을 취소하는 결정을 내린 결과였다. 법원은 이렇게 입장을 밝혔다. "미국 법원에는 오바마 판사도 트럼프 판사도 없다. 오직 미국 국민의 판사만이 있을 뿐이다."

민주주의는 삼권분립을 기반으로 한다. 입법부·행정부·사법부가 정립하면서 국가 기능별 고유직무영역을 견지해 나간다. 상호 간에 견제와 균형을 통해서, 어느 한 기관이 전횡으로 흐르는 사태를 감시하고 예방하고 또 교정한다. 이 같은 제도적 장치와 기능을 통해서, 국민의 자유와 권리가 최대한 보장될 수 있다. 이 같은 시스템의 작동에도 불구하고, 월권하거나 또는 정면으로 민주주의에 도전하는 자들이 생겨날 수도 있겠다. 국회의원 등 선거직의 경우 국민들이 주민 소환이나 다음 선거에서 낙선시키는 방법으로, 정부주요직의 경우 탄핵 등의 방법으로 직무에서 배제시킬 수 있을 것이다.

헌법은 국가기관으로서의 국회와 법원을 규정하고 있다. 대의정치의 산물인 국회야, 의장단과 상임위원장들은 의원들이 자율적으로 선출하도록 되어 있다. 대법원의 구성과 관련하여서는, 임기 6년의 대법원장은 국회의 동의를 얻어 대통령이 임명한다. 임기 6년의 대법관은 대법원장의 제청으로 국회의 동의를 얻어 대통령이 임명한다. 대법원장이 대통령의 눈치를 보고 게다가 사법부 독립 수호의 의지가 박약한 경우, 대법원의 구성에 문제가 생길 소지가 다분해진다. 대법원장이 소신껏 대법관 적임자를 임명제청하기를 주저한다. 심한 경우 대통령 측이 내려준 오더대로 따른다. 공평 타당한 재판을 위해서는 대법관들의 이념성향이 균형을 유지해야 함에도, 대법관들의 배치가 좌 또는 우 어느 한쪽으로 심하게 쏠리는 사태가 생겨난다. 공정한 재판뿐 아니라 사법부의 존재의미 자체마저도 흔들릴 수 있다는 국민적 우려가 제기되기 마련이다.

헌법은 국가기관으로서의 감사원과 헌법재판소, 그리고 선거관리위원회를 각 규정하고 있다. 감사원은 헌법 체계상으로는 행정부를 규정하고 있는 장에서 언급되고 있다. '국가의 세입·세출의 결산, 국가 및 법률이 정한 단체의 회계검사와 행정기관 및 공무원의 직무에 관한 감찰을 하기 위하여 대통령 소속하에 감사원을 둔다.'고 규정하고 있다. 헌법 조문상으로도 대통령 직속기관임을 명시하고 있다. 감사원은 원장을 포함한 5인 이상 11인 이하의 감사위원으로 구성한다. 원장은 국회의 동의를 얻어 대통령이 임명한다. 감사위원은 원장의 제청으로 대통령이 임명한다. 감사원은 그 기능의 특성상 독립성이 최대한 보장되어야 한다. 또한 감사원의 전문성을 확보하기 위해서라도, 감사원장의 감사위원 임명제청권은 실질적으로 보장되어야 한다. 감사결과에 따라 징계와 시정을 명받은 행정기관들이, 명받은 대로 이행해야 함은 너무나 당연하다.

헌법재판소는 위헌 법률심사, 탄핵심판, 정당해산심판, 국가기관 간 권한쟁의 심판을 위해 설치된 헌법기관이다. 헌법재판관은 대통령이 임명하되, 그중 3인은 국회에서 선출하는 자로써, 3인은 대법원장이 지명하는 자로써, 임명한다. 헌법재판관의 임기는 6년이고, 재판소장은 국회의 동의를 얻어 재판관 중에서 대통령이 임명한다.

앞서 본 대법관 임명의 경우와 마찬가지로, 대법원장이 헌법재판관 지명과 관련하여 청와대의 의도에 시종 끌려다니거나 소신을 쉽게 굽혀버리는 경우, 헌법재판소의 구성이 이념적으로 심히

편향될 위험성이 있다. 명실공히 국가 최고사법기관인 헌법재판소가 이념적으로 너무 한쪽으로 쏠려버리는 경우, 현실과 어긋나는 판단이 나올 가능성이 농후해진다. 헌법재판소의 독립성은 우선 저 스스로 지켜낼 줄 알아야 할 것이다.

민주주의의 요체는 선거다. 이른바 대의민주주의를 실현하는 수단이기도 하다. 무엇보다도 선거의 공정성이 보장되어야 한다. 헌법은 선거와 국민투표의 공정한 관리 및 정당에 관한 사무를 처리하기 위하여 선거관리위원회를 둔다고 규정하고 있다. 중앙선거관리위원회는 대통령이 임명하는 3인, 국회에서 선출하는 3인과 대법원장이 지명하는 3인의 위원으로 구성하며, 위원장은 위원 중에서 호선한다. 위원의 임기는 6년이다. 위원은 정당에 가입하거나 정치에 관여할 수 없다. 공정한 선거관리를 위해서는 엄격한 정치적 중립성이 요구된다. 그런 면에서 보면, 정당 고위직 출신의 선관위원 임명은 아무래도 부적절해 보인다. 더구나 그가 집권여당 핵심간부 출신이라면, 오해와 우려의 소지는 훨씬 더 커지게 마련이다.

어느 나라를 막론하고, 정부는 국민들을 위해 존재한다. 국가의 기능이 원활하게 작동하고 그로 인한 효과가 국민들에게 온전히 돌아가야, 정부가 본연의 역할을 다 했다고 평가할 수 있을 것이다. 국가의 기능이 정상적으로 돌아가기 위해서는, 무엇보다도 먼저 헌법기관들의 독립성이 보장되어야 한다.

각 기관들의 고유한 직무영역을 상호존중하고, 함부로 침탈하거나 멋대로 간여하지 말아야 한다. 이 같은 원칙은, 대통령이라고 해서 달라지지 않는다.